Christian Grenier

Avec un peu d'amour et beaucoup de chocolat

L'Écolo

Chapitre 1

— Emma ? Il est 8 heures, tu vas rater ton train !

Des années plus tard, j'entends encore ma mère me lancer cette prédiction sur un ton ironique. À l'époque, j'ai failli lui répliquer : « je suis assez grande pour savoir ce que j'ai à faire ! » J'ai quand même vérifié les horaires sur mon billet. *3 juillet, 8 h 46, Paris-Montparnasse.*

Mon TGV arriverait vers midi à Libourne, où papy et mamy seraient là pour m'accueillir.

À cet instant, la porte d'entrée de l'appartement s'est ouverte. En guise de bienvenue, ma mère a jeté à mon père :

— Tiens, te voilà ? Tu as soudain pensé que tu ne verrais plus ta fille de tout l'été ? Et ce fameux colloque, il s'est bien passé ?

J'ai fermé la porte de ma chambre pour ne pas entendre la suite. Voilà des mois que mes parents se disputaient. Des mois aussi que mon père multipliait ses absences : heures supplémentaires, réunions tardives, week-ends de travail... Ma mère soupçonnait mon père de mentir. Moi, je ne voulais pas le savoir. Tout ce que je voyais, c'est que mes parents ne s'entendaient plus. Et que j'en supportais les conséquences. J'avais hâte de partir. De fuir la tension permanente de cet appartement.

Mon père a frappé à ma porte et est entré pour me faire la bise. Une façon de me dire à la fois bonjour et au revoir. Il m'a chuchoté d'une voix tristounette :

— Embrasse tes grands-parents de ma part. Et cet après-midi, appelle-moi à la banque pour me donner des nouvelles de papa... je veux dire papy.

À quatre-vingt-six ans, mon grand-père avait subi deux crises cardiaques.

— Si tu te souciais de ta famille, tu n'aurais pas repoussé tes congés ! n'a pu s'empêcher de lui lancer ma mère, qui l'avait suivi jusque dans ma chambre. On serait partis camper tous les trois dans les Landes. Comme chaque année. Et ton père, tu l'aurais vu. Mais non, monsieur

Patrick Dufay est débordé ! C'est un conseiller financier très demandé !

— Écoute, Marie...

Incroyable ce que les adultes aiment se donner en spectacle ! Comme s'ils voulaient que je prenne parti. Depuis quelque temps, je les détestais tous les deux. Ma mère pour son agressivité, mon père pour sa mollesse, sa façon de fuir la discussion, de se justifier si mal et de baisser la tête comme un chien qu'on gronde.

La dispute qui allait suivre, je refusais d'en être témoin. J'ai glissé mon téléphone dans mon sac à dos et fourré mon journal intime dans la valise à roulettes. J'étais sûre d'oublier quelque chose... Mais quoi ? Ce n'était plus le moment de réfléchir.

Depuis le vestibule, j'ai crié :

— Je vous appelle dès que je suis à Libourne !

Je ne sais même pas s'ils m'ont entendue...

Une fois dans la rue, j'ai poussé un soupir de soulagement.

Pourtant, je n'étais pas vraiment ravie d'aller chez mes grands-parents. Au départ, je voulais passer un mois en Bretagne, chez ma vieille copine Océane. On se connaissait depuis la sixième. Pendant l'année, il nous arrivait souvent de rester chez l'une ou l'autre pour une journée de travail sur un exposé ou... pour un week-end pyjama. « Pas question ! avaient décrété mes parents. Ton amie fume, nous savons qu'elle boit parfois de l'alcool et qu'elle sort en boîte avec des garçons. Très mauvaise fréquentation... »

Mes parents avaient tout faux. Je ne fume pas, je ne bois pas, je ne drague pas – et ça ne me manque pas du tout. Mais j'aime bien Océane. Ce n'est pas parce qu'on s'amuse comme deux folles que j'ai l'intention de l'imiter. Je l'admire sans l'envier. Mais cet été-là, je devrais me passer d'elle, soit !

Après tout, chez mes grands-parents, je ne serais pas malheureuse. Ils vivaient dans un village du Périgord, à deux pas de la Dordogne. Et ils avaient une grande maison, un jardin, une piscine. Là-bas, je retrouverais la chambre de mon enfance. Je serais libre de mes mouvements. Je n'aurais pas à justifier mon emploi du temps et mes fréquentations. Enfin pas trop. J'espérais que mes parents n'allaient pas appeler chaque soir pour que je leur rende des comptes. Je pourrais faire du vélo, du canoë. Lire, écrire et m'avancer pour le bac de l'an prochain. Je venais de décrocher celui de français et j'avais quarante points d'avance. Que mes parents se déchirent, qu'ils divorcent, c'était leur affaire ; je voyais mal ce que j'aurais pu faire pour eux. Mais moi, j'avais l'intention d'être heureuse dans la vie.

À tout prix !

Je me suis engouffrée dans les escaliers de la station de métro Porte de Saint-Ouen... et j'ai raté la rame qui démarrait.

Même si la ligne était directe, j'ai commencé à m'inquiéter. Il était 8 h 12. Soudain, je me suis souvenue que je devais acheter *Jeunes écrits*. C'était ma revue littéraire préférée. En juin, elle avait organisé un concours auquel j'avais participé. Le récit des trois premiers lauréats serait publié dans le numéro qui sortait le premier jeudi du mois. C'était aujourd'hui.

Sur le quai du métro, l'arrivée de la prochaine rame était prévue dans six minutes. Pour tromper mon impatience, j'ai sorti de mon sac le roman que j'avais commencé la veille, *La Modification*, de Michel Butor. Dans la rame suivante, j'ai eu une place assise mais je n'ai pas pu me concentrer sur l'histoire. Je guettais chaque arrêt, et ce métro prenait tout son temps.

Je suis arrivée à la station Montparnasse à 8 h 39. Avec sept minutes devant moi, ce n'était pas gagné. À cause des trois cents mètres de trottoir mécanique à parcourir en traînant ma valise à roulettes.

Dans le hall de la gare, j'ai laissé tomber les escalators pour gravir les escaliers quatre à quatre. Enfin, je suis arrivée devant le panneau « Départs ». Le numéro du quai était affiché : voie 11 !

À trente mètres de là, on voyait l'arrière du TGV. Un train double. L'horloge de la gare indiquait 8 h 42.

J'étais hors d'haleine, trempée de sueur... mais soulagée. J'ai repris mon souffle en ralentissant l'allure.

C'est alors que je l'ai vu, au milieu des revues alignées au fond du kiosque à journaux : le numéro de juillet de *Jeunes écrits*. Qui contenait la liste des trois premiers lauréats du concours.

Advienne que pourra ! Je me suis frayé un chemin parmi les clients qui flânaient entre les rayons. J'ai pris un exemplaire et j'ai filé vers la caisse où, manque de chance, deux personnes attendaient leur tour.

Il était 8 h 44. Je me suis souvenue que ma place était dans la voiture 18. C'est-à-dire en tête. Si je voulais la rejoindre, je devrais courir jusqu'au deuxième convoi. Pourquoi avais-je pris ce risque ? Ma revue, j'aurais pu l'acheter à Libourne ! J'ai failli la reposer, et même l'emporter sans la payer. Et puis j'ai songé : pas grave !

Si tu rates ton train, personne n'en fera un drame. Depuis que tu es partie, tu es maîtresse de tes décisions. Et de ton destin.

Cette réflexion ne m'a occupé l'esprit qu'une seconde. Celle d'une décision qui allait changer toute ma vie.

Au moment où je donnais l'argent à la vendeuse, une voix dans un haut-parleur a annoncé le départ de mon train.

D'instinct, j'ai tout de même bondi vers la voie 11 et je me suis précipitée vers la porte de la voiture de queue. Elle était fermée et le train démarrait. Bêtement, j'ai commencé à courir pour le suivre. Devant moi, un agent de la SNCF a levé le bras.

Je me suis arrêtée, humiliée par ma propre insistance.

L'employé m'a rejointe alors en souriant.

— Allons, mademoiselle, ce n'est pas un drame. Vous prendrez le train suivant !

Chapitre 2

Le contrôleur m'a conduite jusqu'aux guichets, fait contourner la file d'attente et entrer dans un bureau. Là, une vingtaine d'employées étaient alignées devant une batterie d'écrans.

— Juliette ? Cette jeune fille vient de rater son TGV. Tu peux lui changer son billet ?

— Pas si simple ! a-t-elle soupiré en pianotant sur son clavier. Les trains sont presque tous complets. Ah si. Il y a une place dans le prochain TGV. En première classe.

Mes parents ne me rembourseraient sûrement pas la différence, mais après tout, c'était ma faute. L'employée encaissait mon argent quand son téléphone a sonné. Elle m'a donné mon billet. J'ai voulu lui rendre l'autre mais elle m'a fait signe de partir.

Je ne m'en tirais pas si mal. Mon imprudence m'avait coûté deux heures de retard et dix-huit euros de supplément.

Dans la salle d'attente, tous les sièges étaient occupés, même ceux de la pièce réservée aux premières classes !

Je suis allée m'asseoir au buffet de la gare et j'ai commandé un grand crème. Je n'étais plus à trois euros près. Je me suis sentie vraiment en vacances. C'était la première fois que je prenais le train toute seule. À vrai dire, je n'étais pas dupe. Depuis quelques mois, j'encombrais mes parents qui avaient d'autres soucis en tête. Dans un an, je serais majeure. Sauf que je ne gagnerais pas ma vie et que je continuerais de dépendre de ma famille. Quand devient-on vraiment libre et indépendant ?

J'avais une heure et demie à tuer. Et une revue à lire.

Tout à coup, j'ai songé à appeler mes parents pour leur dire que j'avais raté mon train. Non, c'était mes grands-parents qu'il fallait joindre en priorité. Sinon ils m'attendraient à Libourne pour rien. À 9 h 20, ils devaient être encore chez eux, leur village se trouvait à une heure de la gare.

J'ai sorti mon téléphone portable... Mais la

batterie était presque à plat. Voilà ce que j'avais oublié : la recharger la veille au soir !

Ma sonnerie a résonné en vain et le répondeur s'est déclenché. Seraient-ils déjà partis ? Possible. Ils faisaient parfois des courses dans l'hypermarché proche de la gare.

Leur laisser un message ? À quoi bon ? En ne me voyant pas descendre du train, ils attendraient le suivant. Et je n'avais aucun moyen de les joindre puisqu'ils n'avaient pas de portable.

J'ai ouvert mon magazine et vu mon nom sur la première page : « *2ème prix : Emma Dufay pour "Avec un peu d'amour et beaucoup de chocolat" (lire son récit page 28*). »

J'ai poussé un cri de joie. Le garçon qui m'apportait mon café a sursauté.

— Tout va bien, mademoiselle ?

— Oui ! Oui, très bien !

J'ai failli ajouter : « Je viens de gagner le deuxième prix d'un concours littéraire ! Regardez, ma nouvelle est publiée ici ! »

C'est ma mère qui allait être étonnée. Avant de devenir prof de lettres, elle avait envoyé un manuscrit à vingt éditeurs ; aucun n'en avait voulu. Quand je lui avais annoncé ma participation à ce concours, elle m'avait prévenue : « Ne te berce pas d'illusions, Emma. Tu es excellente en français, certes. Mais à dix-sept ans, tu n'as aucune chance d'être éditée. » Un mauvais argument, le concours était réservé aux moins de dix-huit ans.

J'ai relu ma nouvelle. C'était une histoire... de train ! Mon héroïne se retrouvait assise à côté d'un jeune homme qui lui proposait de partager une tablette de chocolat. Ils se quittaient sans échanger leurs coordonnées mais ne cessaient de penser l'un à l'autre. Jusqu'à ce que le hasard les rassemble de nouveau, lors d'un deuxième voyage plus mouvementé, puisque le convoi allait rester bloqué par la neige une nuit entière. Les jeunes gens se révélaient peu à peu leurs sentiments en grignotant l'unique provision dont ils disposaient : du chocolat. À l'aube, pris de court, le garçon se plaignait de ne pas avoir de fleurs à offrir à la jeune fille. Ce à quoi elle répondait : *« Tu sais, je ne suis pas très exigeante, de moi tu obtiendras tout ce que tu voudras avec un peu d'amour... et beaucoup de chocolat. »*

Un commentaire suivait mon texte : *« Style très maîtrisé, bon sens du suspense et chute particulièrement réussie. »*

Je me suis plongée dans la lecture des deux autres nouvelles. Nettement moins bonnes que la mienne à mon avis. Pour un peu, j'aurais été en colère : pourquoi ne m'avait-on pas donné le premier prix ?

La grande horloge suspendue au-dessus des quais indiquait 10 h 30. Et le panneau voisin affichait le quai de mon TGV.

J'ai tiré ma valise jusqu'à la voiture 11, en tête.

Alors que je montais, j'ai voulu aider une vieille dame à hisser ses valises dans le casier réservé aux bagages encombrants. Devant ses protestations offusquées, j'ai dû renoncer, tant pis pour elle !

Je n'avais jamais voyagé en première. Quel confort, dans ce wagon aux sièges capitonnés !

Prendre le train, c'est grisant ; un peu comme dormir à l'hôtel. Soudain, le quotidien s'efface et tout devient possible.

Le fauteuil à côté du mien était occupé par un jeune homme, coin fenêtre. Il a relevé la tête de son ordinateur portable et m'a demandé :

— Tu veux un coup de main pour ta valise ?

— Non, merci. Elle n'est pas si lourde.

Je l'ai hissée au-dessus de mon siège. Avant d'y déposer aussi mon sac, j'ai pris la revue, mon roman, mon téléphone et mon iPod. Quand le haut-parleur a annoncé le départ, j'ai eu un nouveau moment d'euphorie. J'avais deux mois de vacances, j'étais lauréate d'un prix littéraire... et je voyageais en première !

J'ai mis mes écouteurs en place. Je me suis laissé bercer par les cahots du train et le rythme de la musique. Océane m'avait enregistré plusieurs morceaux qu'elle aimait. Surtout du Zap. Comme la plupart des jeunes, ma copine était devenue accro à ce nouveau slameur de notre âge. Dommage, parce que Zap n'était pas mon chanteur préféré, loin de là !

J'ai baissé le son et j'ai dû m'assoupir un peu...

Chapitre 3

La clameur d'une dispute m'a réveillée. J'ai vu passer deux contrôleurs qui encadraient une jeune Africaine en pleurs. Je me suis demandé quel drame avait eu lieu. Parfois, dans la rue ou dans le métro, un bref incident retient mon attention ; alors, je laisse libre cours à mon inspiration. C'est souvent ainsi que j'écris le début d'un récit : en imaginant les causes d'une dispute… ou ses conséquences. Il en faut si peu pour bâtir un roman !

J'ai tenté de me rendormir. En vain.

Quand j'ai ouvert les yeux, mon voisin m'observait. Il a rougi et détourné le regard pour fixer son ordinateur. Quelque part, ça me rassurait qu'un inconnu me regarde. Océane n'arrêtait pas de me dire que je ne savais pas m'y prendre avec les garçons. Pour leur plaire, elle avait rôdé plusieurs techniques. Ça allait des vêtements au maquillage en passant par la coiffure, les sujets de conversation et la façon de répliquer ou de rire à tout ce qu'ils vous disaient... trop compliqué pour moi. Parfois, surtout en groupe, je me sentais à l'écart. Pas sûre d'être assez jolie ou séduisante pour attirer l'attention.

Quel âge pouvait avoir ce garçon... vingt ans ?

Avec son jean et son polo jaune vif, il faisait une tache de couleur joyeuse au milieu des messieurs en costume-cravate gris ou noir. Ses cheveux blonds en broussaille lui couvraient les oreilles. J'ai repris *La Modification*, bien décidée à aller au bout. Un défi que je m'étais lancé. Quand j'avais demandé à ma mère si elle possédait ce livre, elle s'était écriée :

— Tu veux lire ça ? Quelle idée ! Tu n'y arriveras jamais.

— Il fait partie de la liste de bouquins que la prof nous a donnée.

Ma mère a soupiré. Elle avait beau enseigner le français elle aussi, elle n'était jamais d'accord avec les choix de ma prof, que ce soit les sujets de ses devoirs ou les commentaires des copies qu'elle rendait. Mais elle n'avait jamais voulu me prendre dans son collège... et encore moins dans sa classe !

Elle a déniché l'ouvrage dans sa bibliothèque. Drôle de couverture avec cet enchevêtrement de rails et d'aiguillages...

— Ça parle de quoi ?

— D'un homme qui prend le train Paris-Rome pour rejoindre sa maîtresse en Italie. Mais au cours du trajet, il change d'avis.

— Et après ?

— Après ? Rien, c'est tout.

— Et il faut quatre cents pages à l'auteur pour en arriver là ? Au moins, on n'a pas de mal à suivre l'action !

Arrivée page trente, je me suis rendu compte que ma mère n'avait pas tort. J'ai sorti mon magazine pour relire ma nouvelle une troisième fois. Même si ma mère affirme qu'il est malsain de se gargariser avec sa prose.

— Vous voulez une autre revue ? m'a proposé mon voisin en me tendant *Science & Futurs*.

— Non, merci.

— Aucune de vos lectures ne semble vous plaire.

— Ce roman paraît compliqué. Et cette histoire...

Je me suis tue. Et j'ai dû bêtement rougir à mon tour.

— Eh bien, cette histoire ? a-t-il répété en me désignant mon récit.

— Je la connais déjà. C'est moi qui l'ai écrite.

— Vraiment ?

J'avais réussi mon petit effet. Il était intrigué. Je lui ai expliqué comment j'avais participé au concours et ajouté :

— En achetant le magazine, j'ai même raté mon TGV de 8 h 46 !

— *Avec un peu d'amour et beaucoup de chocolat...* Je peux la lire ?

— Tout à l'heure, quand vous m'avez proposé de monter ma valise, vous m'avez tutoyée, vous n'osez plus ?

— Désolé, ça m'a échappé. Je vous croyais plus jeune.

— J'ai dix-sept ans. Vous pouvez me dire *tu*, vous savez !

— Tutoyer un écrivain ? Pas question !

— Arrêtez, vous vous moquez de moi.

Au lieu de me répondre, il m'a souri. Un sourire craquant. Ou plutôt fondant, parce que j'ai senti quelque chose de très doux couler du côté de mon cœur qui s'emballait... Du calme !

— D'accord, Emma. On se dit *tu*. Moi, je m'appelle Marcus. Et j'ai vingt-deux ans. Ça va, ça ne te paraît pas trop vieux ?

Il s'est plongé dans ma nouvelle et n'a relevé la tête qu'après l'avoir lue. Il avait l'air radieux et surpris.

— Magnifique ! Si, si, vraiment. Je suis bluffé. C'est drôlement bien écrit. Et la fin... j'adore.

— Vous... tu te moques encore de moi.

— Cette fois, pas du tout. Dis-moi, c'est autobiographique ?

— Non ! ai-je fait en me sentant rougir. C'est totalement imaginaire !

— Tout de même, Emma... tu aimes le chocolat ?

— Oui. Mais moins que mon héroïne. Ce qu'elle affirme est... symbolique.

— Je comprends. C'est une litote. Ou une métaphore ?

Là, il m'a prise de court. Je me suis sentie dans la peau d'une élève face à son prof de lettres. Pour noyer le poisson, j'ai répondu :

— Un peu les deux. Dis-moi Marcus, tu lis beaucoup ?

— Oui. Mais peu de fiction. La littérature, ce n'est pas vraiment mon domaine.

— Qu'est-ce que tu fais dans la vie ?

— Des études de climatologie. Je suis des cours à l'École nationale de la météorologie à Toulouse.

— Ah ! Et c'est pour ça que tu vas à Bordeaux ?

Il a éclaté de rire.

— Ben non. Je suis en vacances. Comme toi, je suppose ? J'étais rentré chez mes parents à

Paris. Mais ce matin, mon directeur de thèse m'a appelé pour que je participe ce soir à un débat télévisé à sa place.

— Tu vas passer à la télé ?

— Oui. Sur la chaîne *Aquitaine*. À minuit et demi. Tu vois, ce n'est pas du prime time sur une grande chaîne nationale ! Il n'y aura pas foule devant les écrans. Et si je prends la parole, ce ne sera pas plus de deux minutes.

— Tu auras au moins une spectatrice ! Ce soir, je serai chez mes grands-parents ; ils vivent dans un village près de Bergerac. C'est quoi, exactement, un directeur de thèse ?

— Un prof d'université qui guide ton travail.

La thèse de Marcus portait sur le réchauffement climatique en général et le permafrost en particulier. Il m'a montré un article de *Science & Futurs* et expliqué :

— Le permafrost, ou pergélisol, est la partie du sol qui est gelée en permanence dans les régions froides, soit le quart de la surface des terres pour l'hémisphère Nord. Il renferme des milliards de tonnes de dioxyde de carbone et de méthane.

— Ils viennent d'où, tous ces gaz ?

— Ce sont les résidus de la matière organique qui se décompose depuis la dernière période glaciaire. Ces gigatonnes de gaz enfouis, c'est deux fois plus que ceux qui sont dans notre atmosphère !

— Et alors ?

Marcus ne souriait plus du tout.

— Alors cette glace est en train de fondre ! Et si ces gaz sont libérés, le réchauffement climatique sera deux fois plus rapide que prévu.

— C'est ça, l'objet de ton futur débat ?

— Oui. J'espère que je serai à la hauteur.

Jusqu'ici, je ne m'étais pas trop intéressée à ces problèmes. D'un coup, ils m'ont paru très importants.

— Pourquoi cette émission n'est-elle pas diffusée plus tôt, et sur une chaîne nationale ?

— Parce que son audience serait faible. Tu sais bien que ce qui compte à la télé, ce n'est pas la gravité du sujet, c'est l'audimat !

On a continué à discuter un long moment. Je n'ai pas vu passer le temps. Le TGV s'est arrêté une ou deux fois sans que j'y prête attention.

Brusquement, je me suis aperçue que beaucoup de voyageurs parlaient entre eux. Quelques-uns échangeaient des informations d'une rangée à une autre ; d'autres avaient l'oreille collée à leur téléphone portable. Marcus m'a murmuré :

— On dirait qu'il se passe quelque chose d'anormal.

— Oui. Et le train a drôlement ralenti. Quelle heure il est ?

— Midi et demi.

— Déjà ? Mes grands-parents doivent s'inquiéter. Ils m'attendent à la gare de Libourne. Ils ne m'ont pas vue descendre du train précédent et je n'ai pas pu les prévenir que je l'avais raté.

Devant nous, un voyageur s'est retourné pour me dire :

— Le train qui nous précédait ? Vous avez bien fait de ne pas le prendre, mademoiselle. Il n'est pas arrivé.

— Ah bon ? Pourquoi ?

— Entre Angoulême et Libourne, il y a eu un accident sur la voie.

Chapitre 4

Au même instant, une voix a jailli d'un haut-parleur :

— *À la suite d'un incident technique, tous les passagers sont invités à descendre à Angoulême. Des autocars assureront le trajet jusqu'à Libourne, où les voyageurs pour Bordeaux pourront emprunter une navette. Je répète...*

— Un accident ? a répété Marcus à l'homme qui nous avait informés. C'est-à-dire ?

— Je n'en sais pas plus. C'est ma femme qui m'a appelé sur mon portable. Elle a entendu la nouvelle sur France Inter.

Marcus s'est mis à pianoter sur son smartphone pour avoir des précisions. Le train entrait en gare d'Angoulême. Dans la voiture, l'agitation a redoublé. Les gens se sont précipités vers les portes alors que le convoi n'était pas encore arrêté.

À présent, je ne songeais plus à mes grands-parents mais à Marcus. Je n'avais pas envie que nous soyons séparés. Comme s'il avait deviné mes pensées, il a attrapé ma valise et m'a saisi l'épaule au moment où je me levais.

— Inutile de nous mêler à la cohue, Emma.

On est restés assis sur nos sièges. Dans l'allée centrale, tout le monde se bousculait. Immobiles, nous étions tous les deux dans une sorte de parenthèse, une bulle de silence et d'attente au milieu de la précipitation et du brouhaha. Ce moment, j'aurais donné cher pour le prolonger. Marcus avait gardé sa main sur mon épaule, et je me suis demandé s'il l'avait fait exprès. Il ne semblait pas décidé à l'enlever.

Une fois le dernier voyageur sorti, il y a eu une seconde particulière. Extraordinaire.

Marcus s'était tourné vers moi et me regardait.

Son expression était grave, sérieuse. Bien sûr, c'était sûrement à cause de l'accident. Mais j'y lisais autre chose. J'ai réalisé que je le fixais, moi aussi. Ç'a été très bref.

Sa main sur mon épaule m'a incitée à me lever. Rester plus longtemps dans cette voiture vide aurait été... inconvenant.

D'autorité, Marcus a pris ma valise et m'a fait signe de passer devant lui. On a suivi la foule et rejoint les cars de la SNCF qui stationnaient derrière la gare.

On a réussi à s'asseoir côte à côte.

Autour de nous, les rumeurs les plus folles circulaient : le TGV qui nous précédait aurait déraillé à cause d'une voiture qui se trouvait sur la voie ; il y aurait une dizaine de morts et une centaine de blessés... Accident ou attentat ?

Quand notre car a démarré, j'ai pris mon téléphone portable. Comme je le craignais, l'écran n'affichait plus rien.

— Un problème ? m'a demandé Marcus.

— Oui. Ma batterie est déchargée. Et j'aimerais prévenir mes grands-parents. Ils n'ont pas de portable et doivent être morts d'inquiétude ! Si je pouvais appeler au moins chez moi...

— Bien sûr ! Tiens.

Marcus m'a prêté son smartphone. J'ai composé le numéro de la maison. « *Votre correspondant est déjà en ligne.* »

— C'est occupé. J'essaierai tout à l'heure.

J'avais l'impression que le car n'avançait pas. Marcus fuyait mon regard, comme s'il redoutait de reproduire l'instant si particulier que nous avions vécu, seuls dans le train.

Mais je me faisais peut-être des idées, ce que ma mère appelait « se monter le bourrichon ». C'est-à-dire prendre ses désirs pour des réalités.

Marcus a bien vu que j'étais préoccupée. Pour me distraire, il m'a interrogée sur mes études, mes projets de vacances, mon futur métier...

— Sûrement pas prof de lettres, même si j'adore la littérature et l'écriture. Peut-être journaliste ?

De mon côté, je lui ai posé peu de questions. Par timidité ou par discrétion. Chez lui, un tic m'amusait : une mèche de cheveux lui tombait souvent sur le nez ; et il la relevait d'un geste négligent, presque enfantin. Il avait des côtés très gamin mais des réflexions d'une maturité qui m'impressionnait.

Bon, c'est vrai, j'étais en train de tomber amoureuse. Jusque-là, au lycée, aucun garçon ne m'avait attirée. La plupart du temps, je les trouvais banals ou vulgaires. Toujours trop superficiels.

J'étais consciente qu'on ne se reverrait probablement jamais. J'en étais déjà malheureuse. Que faire ? J'avais l'impression de rater quelque chose... sans avoir la possibilité d'agir. Pourquoi ne me demandait-il pas mon numéro de portable ? Est-ce que c'était à moi de faire le premier pas ?

Bon, cette rencontre serait unique, brève. Et sans avenir.

J'ai rappelé mes parents mais la ligne était toujours occupée.

On est arrivés à Libourne à 15 h 30. Avec trois heures et demie de retard ! Pourtant, pour moi, le temps avait passé trop vite. Et sûrement trop lentement pour mes grands-parents !

Quand on nous a fait descendre du car, Marcus m'a tendu sa revue.

— Désolé, Emma. Moi, je n'ai ni fleurs ni chocolat à t'offrir. Par contre, je te laisse mon magazine. Certains articles t'intéresseront, j'en suis sûr.

Sur le coup, j'ai été si surprise que je n'ai pas réagi. Je comprendrais *a posteriori* que c'était une déclaration déguisée. Par réflexe, je lui ai tout de même jeté :

— En échange, je te laisse ma nouvelle. Tu... tu me donnerais ton numéro de portable ?

C'était fait. J'avais osé.

Il a sorti un feutre de la poche de son blouson, m'a saisi la main et a griffonné des chiffres sur ma paume.

— Quelqu'un va-t-il à Bordeaux ? a crié

l'employé de la SNCF aux passagers regroupés sur le quai.

— Oui, moi ! a crié Marcus.

— Dépêchez-vous, la navette part dans une minute !

Nos adieux ont été précipités. Il a hésité à me faire la bise et a préféré me serrer la main, celle sur laquelle il avait écrit ; de l'autre, il a pris son sac de voyage puis couru vers les quais où stationnait un TER. J'avais la gorge nouée. J'ai eu envie de le suivre, mais mes grands-parents devaient se trouver là, dans la foule....

Une fois Marcus parti, je suis retournée vers le hall qui grouillait de monde. Je n'ai vu que des visages angoissés, tendus vers le panneau d'affichage. Des gens pleuraient ; d'autres, portable à l'oreille, trépignaient d'angoisse.

Mes grands-parents n'étaient pas là.

Tout à coup, la réalité s'est imposée, terrifiante, devant ces parents et amis qui attendaient des nouvelles de leurs proches : ceux qui avaient emprunté le TGV accidenté !

Mille questions se bousculaient dans ma tête. À la place de mes grands-parents, qu'est-ce que j'aurais fait ?

Valise à la main, j'ai traversé la cohue et rejoint le parking. Mes parents... il fallait que je les appelle tout de suite ! Hélas, les cabines les plus proches étaient prises d'assaut.

J'ai repéré le café de la Gare et je me suis dirigée vers lui. Soudain j'ai aperçu la voiture de papy, reconnaissable à sa portière arrière droite rayée. Il n'y avait personne à l'intérieur.

Perplexe, j'ai jeté un coup d'œil aux alentours. Un taxi a surgi et s'est arrêté à l'entrée de la gare. Mamy en est sortie, son visage était noyé de larmes.

Elle m'a aperçue et s'est écriée, ébahie :

— Emma... tu es là ! Tu es là, Emma, Dieu merci !

Elle s'est effondrée dans mes bras en sanglotant, a bredouillé :

— Tu... tu n'étais donc pas dans le TGV accidenté ?

— Non, mamy. Je l'ai raté. J'ai pris le suivant.

Elle est restée bouche bée. Cette éventualité ne l'avait pas effleurée. Elle m'a serrée contre elle en murmurant :

— Raté... tu as raté ton TGV, quelle chance ! Mais pourquoi tu ne nous as pas prévenus ? On t'a appelée dix fois ! Et tu ne répondais pas !

— Ma batterie était à plat. Et papy, où il est ?

— À l'hôpital. J'en reviens.

— À l'hôpital ?

— Quand on a appris que le TGV avait déraillé, on a essayé de te joindre, Emma. On a cru que tu étais blessée... peut-être morte ! Ton grand-père n'a pas supporté, il a fait un malaise. J'ai appelé le Samu. Les secours sont arrivés rapidement mais je crois, je crains...

Elle ne retrouvait ni son souffle, ni ses mots, entre la peur de m'avoir crue morte et l'angoisse du malaise de papy.

— Il est en réanimation. Le médecin n'est pas optimiste.

Mon estomac s'est noué. C'était moi la responsable. Tout ça parce que j'avais oublié de recharger ma batterie. Jamais je ne me le pardonnerais...

Chapitre 5

En même temps, en ratant mon train de 8 h 46, j'avais peut-être échappé à la mort. Mamy s'est écriée :

— Et tes parents, Emma ? Il faut appeler tes parents ! Leur dire que tu vas bien !

On s'est précipitées au café de la Gare, où j'ai dû attendre mon tour devant l'unique cabine téléphonique. Ma mère a décroché et hurlé d'une voix pleine d'angoisse :

— Oui ! Allô ?

— Maman ? C'est moi. C'est Emma.

— Emma ? Emma !

Elle pleurait et riait à la fois, répétait : « C'est Emma, c'est Emma ! Patrick ? Patrick, elle est là ! »

— Emma ? a murmuré papa. Tu vas bien ?

J'ai raconté mon TGV raté, ma batterie déchargée, mes appels sans succès avec le portable de mon voisin.

— On était morts d'inquiétude, m'a confié mon père d'une voix tremblante. On a appris l'accident aux infos de 13 heures. Et on n'avait aucune nouvelle de toi. Cent fois, on a essayé de te joindre. Forcément, on a envisagé le pire. J'ai contacté la SNCF, la gendarmerie d'Angoulême... toutes les lignes étaient occupées.

— Je suis désolée, papa.

— Et puis ta mamy nous a appelés depuis l'hôpital de Libourne où ton grand-père a été admis. Elle espérait que tu nous aurais donné de tes nouvelles... Sais-tu comment va papy ?

J'ai passé le combiné à ma grand-mère. Mon père et elle ont longtemps parlé.

Ensuite, on est allées à la voiture et mamy s'est installée au volant. Ses mains tremblaient, elle n'arrêtait pas de se frotter les yeux.

— Quand ton grand-père s'est effondré dans le hall de la gare, on m'a aidée à le transporter à l'extérieur, sur un banc. J'ai envisagé de l'emmener moi-même à l'hôpital, mais j'étais incapable de conduire. Heureusement, les gens qui avaient assisté à son malaise ont appelé le Samu.

Elle a enfin pu démarrer, m'a regardée avec

une expression qui ressemblait à un sourire et a ajouté :

— Maintenant que tu es à mes côtés, j'espère que je vais y arriver.

Le trajet a été délicat. À quatre-vingt-six ans, mamy souffre d'une arthrose qui la handicape.

À l'hôpital, les urgences étaient débordées. Une partie des voyageurs blessés du TGV avait été rapatriée ici, et il régnait une atmosphère d'émeute, entre les civières qui passaient, chargées de patients sous une couverture de survie, et les visiteurs éplorés à la recherche d'un parent ou d'un ami.

On nous a orientées vers la salle d'attente.

Ma grand-mère avait le regard vide et trois fois plus de rides que d'habitude. Sans papy, elle semblait perdue.

Au bout d'une heure interminable, le médecin de garde, un jeune homme en blouse blanche, est arrivé ; il s'est approché de mamy qui s'était levée et lui a annoncé à mi-voix, sur un ton désolé :

— Votre mari est toujours dans le coma, madame. Le plus sage est que vous rentriez chez vous. Nous vous tiendrons au courant.

— Est-ce que je peux voir mon grand-père ?

L'interne a semblé découvrir mon existence, j'ai senti qu'il hésitait.

— S'il a eu cette attaque, c'est à cause de moi !

Entre deux sanglots, je lui ai résumé mon train raté, ma batterie déchargée. Derrière moi, j'entendais mamy qui bredouillait :

— Mais non ma chérie, ce n'est pas ta faute...

Elle a dû se rasseoir et s'est remise à pleurer. Un chagrin calme, presque résigné.

— Suivez-moi, mademoiselle, m'a dit le médecin. Mais vous ne pourrez pas rester longtemps près de lui. Non madame, je préfère que vous restiez ici, a-t-il ajouté pour mamy qui s'était relevée.

J'ai suivi le médecin dans un dédale de couloirs. Arrivé à une porte où s'affichait : *« Réservé au personnel de service »*, il m'a fait passer devant lui. On est entrés dans une pièce faiblement illuminée dont le mur du fond était garni d'écrans. J'ai aperçu papy allongé sous des draps très blancs. Sa bouche et l'un de ses bras étaient reliés par des tuyaux à des appareils. On entendait un petit « bip » presque rassurant.

Il avait les yeux fermés et le teint cireux.

Je me suis approchée et je lui ai pris la main. Resté debout derrière moi, le médecin ne m'a fait aucune remarque.

— Papy ? C'est moi, Emma.

Je me suis mise à pleurer. J'ai ajouté à voix basse :

— Il faut que tu me pardonnes...

À cet instant, mon grand-père a ouvert les yeux.

Le plus stupéfait, c'était le médecin de garde. Il s'est approché de papy qui n'a pas fait le moindre mouvement, papy qui continuait de me regarder fixement. Et là, je l'ai vu sourire.

C'était une expression de joie calme, de sérénité. On aurait dit qu'il voyait un ange. Moi, j'étais incapable de lui parler. En fait, c'était lui, ou plutôt ses yeux qui me disaient plein de choses. Du genre, *tu es là c'est bien tu es saine et sauve et je suis heureux si tu savais ma petite-fille comme je suis heureux*.

Puis il a fermé les yeux. Mais il souriait toujours.

Je me suis tournée vers les écrans. Les signaux n'avaient pas changé. Le petit bip continuait sa chanson sécurisante.

— Eh bien... ça alors ! a murmuré l'interne derrière moi.

— Dites-moi docteur, mon grand-père s'est réveillé ?

— Oui. Non. C'est-à-dire... il a eu un petit moment de conscience. Et il est retombé dans le coma. Venez. Je vous en prie, mademoiselle, il faut partir.

J'avais l'impression que papy ne risquerait rien tant que je serais à ses côtés. Le médecin m'a obligée à quitter la pièce. En revenant vers la salle d'attente, je lui ai demandé :

— Mais il va mieux, n'est-ce pas ? Il va s'en tirer ?

— Je l'espère, mademoiselle. Je ne peux pas vous en dire plus.

Chapitre 6

On a repris la voiture pour rejoindre le village.

Le trajet a été interminable. Mamy n'osait pas doubler, on a suivi un tracteur sur plus de six kilomètres...

Enfin, on a franchi la Dordogne et on s'est engagées sur l'allée de gravier, entre les vieux marronniers. Papy avait dû enfreindre les consignes du médecin et tondre la pelouse le matin même. Les haies de laurier étaient taillées de près et, sous le soleil qui déclinait, la grande demeure périgourdine semblait me sourire.

Quand on est entrées dans la maison, il était 8 heures du soir. Jamais le grand séjour ne m'avait paru aussi vide. Mamy s'est écroulée dans un fauteuil, en larmes. J'ai pris la situation en main, je l'ai emmenée dans le verger qui borde la rivière et on a cueilli des cerises. Je l'ai encouragée à faire la cuisine avec moi, à mettre le couvert pour lui occuper l'esprit.

Elle a fini par me chasser gentiment.

— Ça va aller, ma petite Emma. Laisse-moi. Monte dans ta chambre et va vider ta valise.

Résignée, j'ai obéi. Moi qui me faisais une joie de revenir ici, j'étais soudain désemparée.

J'ai d'abord ouvert ma fenêtre et je me suis retrouvée chez moi. Oui, je me sentais plus à l'aise dans cette pièce rustique au plancher de bois inégal que dans la petite chambre fonctionnelle de l'appartement de Paris. Ici, personne ne viendrait fouiller dans mes affaires ni vérifier si mon lit était fait. Mes livres d'enfance étaient là, alignés près de mes vieilles peluches et des jouets dont je n'avais jamais voulu me séparer. Cette chambre, c'était mon grenier, un doudou géant où s'entassaient mille souvenirs de vacances, mes journaux intimes, mes vieux cahiers, des photos, des herbiers...

Du premier étage, j'apercevais les coteaux où se succédaient, bien peignées, de longues rangées de vignobles et, au-dessus du moutonnement de la forêt de la Double, les dernières lueurs du jour que reflétaient les flots de la Dordogne.

C'était paisible et sécurisant comme un vieux

canapé dans lequel on aime venir se blottir et se reposer.

J'ai ouvert ma valise sur le lit et rangé mes affaires dans l'armoire.

J'ai aperçu mon chargeur et j'ai branché mon téléphone portable en maudissant encore ma négligence. J'avais deux SMS d'Océane identiques : « *Alors tu es bien arrivée ?* »

Visiblement, elle n'était pas au courant de l'accident du TGV. En vingt mots, je lui ai résumé la situation.

« Tiens... où est *La Modification* ? »

Non, le livre n'était pas non plus dans mon sac. Je l'aurais oublié dans le train ? Possible.

Mamy m'a crié de descendre. Je l'ai trouvée assise dans le salon, devant la télévision.

Les images des infos m'ont fait frémir...

Pour une raison encore inconnue, un camion qui passait sur un pont avait heurté le parapet et basculé sur la voie. Deux minutes plus tard, le TGV l'avait percuté de plein fouet, à 180 kilomètres à l'heure. La première motrice avait déraillé et s'était couchée sur le ballast avant de s'immobiliser. On comptait treize morts et une centaine de blessés, dont vingt dans un état grave.

— *L'écrivain Nelson Rapur fait partie des*

victimes, a annoncé en direct un envoyé spécial. *On sait que cet auteur, pressenti pour le prix Nobel de Littérature, avait été condamné à mort par un mouvement islamiste intégriste, les Vengeurs de Dieu. Cet accident a-t-il été provoqué ? L'écrivain était-il visé ? C'est cette hypothèse que semble privilégier l'enquête, à la suite des déclarations de l'officier de gendarmerie qui a examiné le véhicule tombé sur la voie.*

Une nouvelle image a montré le ballast, encombré par une bouillie de tôles d'où émergeaient deux ou trois pneus disloqués.

— *La camionnette était chargée de parpaings*, a expliqué un gendarme. *Et même surchargée ! Son poids total approchait huit tonnes au lieu des trois tonnes cinq autorisées. Visiblement, elle a été jetée contre le parapet qui n'a pas résisté. Pas plus que le grillage qui, deux mètres plus bas, était destiné à protéger la voie. D'autre part, nous savons qu'il s'agit d'un véhicule volé. Nous n'avons pas trouvé trace du conducteur. Il s'agit là d'un acte délibéré...*

Ce genre d'attentats m'a toujours déconcertée. Comment peut-on assassiner au nom de Dieu ?

— ... *Et tout porte à croire qu'il a été commis dans le seul but de tuer l'écrivain qui se trouvait dans le train. L'attentat a entraîné le décès de douze autres voyageurs.*

— Nelson Rapur ! ai-je murmuré. Quand je pense que j'ai son dernier roman dans mes bagages...

Bien sûr, son décès me touchait. J'étais surtout choquée que ce ne soit pas un accident. Les règlements de compte entre truands me laissent indifférente. Mais je ne supporte pas qu'on tue des innocents, comme si les maladies et les catastrophes naturelles ne faisaient déjà pas assez de victimes.

Nous étions encore à table quand on a frappé à la porte.

C'était Adèle, la voisine, qui venait aux nouvelles. Mamy s'est jetée dans ses bras et elles sont parties dans la cuisine.

Je n'avais plus le cœur à finir le repas. Je les entendais discuter. À soixante ans, Adèle vivait seule. L'an dernier, elle avait perdu son mari ; sa mère, atteinte d'Alzheimer, avait été admise dans une maison médicalisée.

Je m'apprêtais à remonter dans ma chambre quand le téléphone a sonné. J'ai décroché et reconnu la voix de l'interne qui nous avait accueillies deux heures plus tôt.

Lui aussi a compris aussitôt qui j'étais.

— Mademoiselle Dufay ? Je suis désolé, votre grand-père est décédé.

Chapitre 7

Quand Adèle et mamy sont sorties de la cuisine, je n'ai pas eu besoin de leur annoncer la nouvelle. Je venais de raccrocher, je pleurais à chaudes larmes et elles ont tout de suite compris.

— C'est peut-être mieux ainsi, Jacqueline, a estimé Adèle. Il est parti en dormant, il n'a pas souffert.

— Et il a vu sa petite-fille ! a ajouté mamy entre deux sanglots. Il est sorti du coma et il lui a souri ! N'est-ce pas, Emma ?

— Oui, c'est vrai.

— Il faut que je retourne à l'hôpital. Je veux le voir.

Adèle m'a jeté un regard. Une façon de me demander : « Est-ce bien raisonnable ? » Elle a vite compris que mamy ne céderait pas.

— D'accord, mais c'est moi qui t'emmène. Tu n'es pas en état de conduire, Jacqueline. Nous allons prendre ma voiture, viens.

Comme je m'apprêtais à les suivre, Adèle m'a ordonné :

— Non, Emma, reste ici. Tu as vu ton grand-père il y a trois heures et je préfère que tu gardes de lui ce souvenir, son sourire. Ne crains rien, je prendrai soin de ta mamy. Je t'appellerai de là-bas.

Un quart d'heure plus tard, je me suis retrouvée seule dans cette maison silencieuse. Ce n'était pas la première fois. Mais d'un coup, elle m'a semblé trop grande. Et sans vie.

Papy n'y reviendrait plus jamais...

J'ai débarrassé la table et appelé mes parents.

— Emma ? Je suis au courant, m'a dit mon père avant de me laisser parler. L'hôpital vient de nous prévenir. Ta mère et moi partirons demain, de bonne heure, en voiture. Nous serons au village avant midi.

Sa voix était claire et ferme. La mort de son père, papa s'y était préparé. Papy y avait échappé deux fois de suite. Et il avait quatre-vingt-six ans. Comme je me taisais, il s'est inquiété.

— Emma ? Ça va ?

— C'est ma faute, papa !

— Bien sûr que non.

— Si encore... si encore j'avais pensé à charger mon portable, ai-je bredouillé en me remettant à sangloter.

— Et si tu avais attrapé ton TGV, Emma, tu aurais été voiture 18, en tête. C'est ta mort qu'on nous aurait annoncée. En plus de celle de ton grand-père. Parce que son cœur aurait lâché. Pour la même raison. Alors s'il te plaît, ne dis pas de bêtises.

Au bout du fil, mon père était calme, presque apaisé. Voilà longtemps que je ne lui avais pas entendu cette voix-là.

Quand j'ai raccroché, il était 10 heures. Pas question de lire ni de regarder la télé. J'ai fait la vaisselle et je suis remontée dans ma chambre pour envoyer un SMS à Océane. Et pour rédiger mon journal sur ce cahier qui ne me quittait jamais.

J'avais beaucoup de choses à raconter...

J'étais plongée dans cette tâche quand mon portable a sonné.

— Emma ? C'est Océane.

— Tu es folle de m'appeler !

— Cool, ma vieille ! J'ai un forfait illimité.

En illimité, je n'avais que les SMS. Et deux heures d'appels par mois.

— Ce soir, a-t-elle repris, j'avais envie de te parler. Je sais que tu aimais beaucoup ton grand-père. Tu tiens le coup ?

J'étais très touchée. On a parlé une demi-heure. À peine arrivée en Bretagne, elle avait retrouvé trois copains. Dont un qu'elle trouvait très mignon, et avec lequel « ça pourrait devenir sérieux ». Une façon de parler, parce que, avec Océane, rien n'est jamais sérieux. Du coup, j'ai repensé à Marcus ; j'ai même failli lui en parler. Ce n'était ni le moment ni le lieu. Marcus n'avait de place que dans mon journal intime.

Quand j'ai entendu la porte s'ouvrir au rez-de-chaussée, il était minuit passé. Mamy est apparue, la tête basse et les traits tirés.

Adèle m'a expliqué :

— L'hôpital va garder ton papy jusqu'à son incinération. Nous avons rempli les papiers, il y avait plein de formalités.

— Papy va être incinéré ?

J'étais étonnée. Mes grands-parents avaient au village un caveau familial où leurs ancêtres étaient enterrés depuis deux générations.

— C'est plus simple de rapporter les cendres que de faire rapatrier son corps, m'a assuré la voisine. N'est-ce pas, Jacqueline ?

— Oui. Ton grand-père, Emma, n'avait pas

de vœu particulier. Si je disparais, m'avait-il dit, fais les choses simplement, comme tu sens. Il espérait que sa famille serait là, c'était pour lui l'essentiel. Mais après, il jugeait qu'il n'avait pas d'instructions à laisser. Quand on n'est plus là, de quel droit obligerait-on les vivants à se plier à je ne sais quels désirs ?

—Tu vas prendre ces deux cachets, Jacqueline, a ordonné Adèle en aidant mamy à monter dans sa chambre. Si, si, c'est ce qu'a prescrit le médecin.

Peu après, la voisine est redescendue et m'a chuchoté :

— Je te la confie. Les calmants devraient bientôt faire effet.

— J'ai appelé mes parents. Ils seront là demain à midi.

— Parfait. Si tu as besoin de moi, Emma, tu sais où me trouver.

Une fois Adèle partie, je suis montée voir mamy. Elle dormait profondément, bouche ouverte, en ronflant un peu.

Moi, j'aurais été incapable de trouver le sommeil. Cette journée était l'une de celle qu'on n'oublie pas. Je remuais mille pensées, remords, souvenirs, questions. Avec une évidence : si je n'avais pas acheté ma revue, j'aurais attrapé mon TGV de 8 h 46. J'aurais été en première ligne au moment de l'accident. J'aurais été tuée. Ou blessée, sans doute gravement.

Je n'aurais jamais connu Marcus.

Quand la vieille horloge du vestibule a sonné la demie, je me suis soudain rappelé l'émission à laquelle il devait participer.

Alors j'ai allumé la télévision et zappé sur la chaîne *Aquitaine*. Mon impatience m'a étonnée, j'en avais presque honte. Mon grand-père venait de mourir et j'avais hâte de revoir Marcus, même sur un écran.

À part ma réussite au bac de français et la perspective de deux mois de vacances, en ce triste début juillet, cette rencontre était le seul élément positif de ma vie.

Le revoir m'a causé un choc. Bien peigné, souriant, il était encore plus séduisant. Le rédacteur en chef du journal *Sud Ouest* et un philosophe à la mode participaient aussi au débat.

Il les a écoutés sans les interrompre. Mais quand l'animateur de l'émission lui a enfin demandé de s'exprimer, il a réfuté chacun de leurs arguments. Puis dénoncé la gravité de la situation.

C'était démonstratif et brillant. Marcus avait l'art d'expliquer des phénomènes complexes avec des mots simples.

— On croit que le niveau des océans

augmente à cause de la fonte des glaces. Eh bien c'est faux. Du moins en grande partie. Seules les eaux issues des glaciers et de l'inlandsis, au Groenland et au pôle Sud, ont une influence sur le niveau des océans. La glace de la banquise peut fondre, ça ne modifiera jamais rien. Dans un verre, un glaçon qui fond ne fait pas monter le niveau de l'eau.

— En ce cas, l'a interrompu le journaliste, pourquoi le niveau des océans monte-t-il ?

— Parce que l'eau est en train de gonfler.

J'étais scotchée. Le rédacteur en chef et le philosophe aussi, à en juger par leur expression incrédule. Jamais je n'avais entendu une telle explication. L'animateur, lui, s'est mis à rire.

— Je croyais que c'était l'inverse ! Que c'était en gelant que l'eau occupait davantage de volume !

— Exact, a admis Marcus. Neuf pour cent de plus. C'est d'ailleurs la raison pour laquelle la glace flotte. Mais quand l'eau se réchauffe, elle se dilate aussi. Parce que ses atomes se mettent en mouvement. Donc elle tient un peu plus de place. Même si c'est moins que la glace. C'est la conséquence d'une loi scientifique connue sous le nom de l'effet Clausius-Clapeyron.

— Elle se dilate beaucoup ? a demandé le journaliste.

— Très peu, si l'on s'en tient aux chiffres.

— C'est-à-dire ?

— Entre 0° et 110°C sous pression, son volume augmente de 6 %. Si la température du globe augmente de 5°, et ce sera sûrement le cas à la fin du siècle, le pourcentage est ridicule. En apparence. Parce qu'une augmentation de 0,2 % de tous les océans de la planète, c'est énorme. D'autre part, puisque l'eau monte quand elle se réchauffe, ça finit par modifier le sens des courants.

— Ce sens, c'est si important ?

— Vous savez pourquoi à Bordeaux, il gèle rarement en hiver ? Et pourquoi il fait – 35° à Montréal alors que ces deux villes sont à la même latitude ?

Comme le philosophe et le rédacteur en chef n'osaient sans doute pas dire une bêtise, ils ont froncé les sourcils sans répondre à la question. Marcus a pointé ses deux index, l'un vers le haut l'autre vers le bas.

— Parce que Montréal est baigné par un courant froid qui vient du nord, le Labrador. Et que Bordeaux l'est par un courant chaud, le Gulf Stream, qui remonte le long du golfe du Mexique. Si ces courants s'arrêtent ou s'inversent, Bordeaux connaîtra des étés torrides, à plus de

45° à l'ombre – ça, tout le monde le sait. Mais l'hiver, la Gironde sera prise par les glaces avec – 35°. Et ce ne sont là que deux petites conséquences de la future montée des températures, a-t-il ajouté au bout d'un silence, en grimaçant. Tout ça à cause des GES, les gaz à effet de serre.

J'ai repensé au méthane caché sous le permafrost. Marcus n'en avait pas encore parlé ! Tout à coup, je me sentais plus intelligente. Et j'avais envie d'applaudir.

— Aujourd'hui, a-t-il conclu, le réchauffement de la planète est lent, insidieux, progressif. Mais inexorable. Il s'annonce hélas plus rapide et dangereux que prévu. Et il causera, nous le savons déjà, des dizaines, des centaines de millions de morts ! Sans parler du sort des réfugiés climatiques. Cette menace est une urgence absolue. L'humanité est en danger. Pourtant, elle ne veut pas changer son mode de vie. Elle continue à consommer et à exploiter les énergies fossiles pour laisser ce problème aux générations futures.

Embarrassés, les interlocuteurs de Marcus ont baissé la tête. Le climatologue avait eu le dernier mot.

L'animateur, ravi, l'a vivement remercié.

L'émission achevée, j'ai voulu téléphoner à

Marcus pour le féliciter. J'ai eu la plus grosse déception de ma vie : en revenant du jardin, je m'étais lavé les mains, et les chiffres s'étaient effacés ! Comment allais-je le retrouver ? En appelant la chaîne *Aquitaine* ? Ou son école de météorologie à Toulouse ?

C'est sur ce vague espoir que je me suis endormie, avant de rêver d'accidents, d'hôpitaux, et de trains après lesquels je courais sans pouvoir les rattraper...

Chapitre 8

Quand la sonnerie de mon portable m'a réveillée, il était 9 heures du matin. Par la fenêtre de ma chambre, j'ai aperçu le jardin inondé de soleil. Ce serait une belle journée d'été. Une journée que papy ne connaîtrait pas...

— Emma ? C'est maman. Nous avons passé Châteauroux. Nous serons là vers midi et demi ou une heure.

Je terminais mon petit déjeuner quand mamy m'a rejointe dans la cuisine. Elle m'a embrassée et serrée contre elle. Puis elle s'est assise ; elle semblait désemparée.

— Mes parents ont appelé, ils seront là pour le déjeuner. Je vais faire des courses et...

— Non, Emma. Je m'en occupe, je prépare le

repas. Il faut que je réagisse, que je m'occupe la tête et les mains.

Elle s'est laissé servir son café, a jeté un coup d'œil autour d'elle et a soupiré :

— Cette maison était déjà grande pour nous deux ! Maintenant...

Elle n'a pas terminé sa phrase et a hoché la tête.

J'ai deviné ses pensées. Ici, papy avait toujours pourvu à tout : au potager et à la pelouse, à la voiture et aux commissions. Depuis ses accidents cardiaques, il ne bricolait presque plus, ou alors en douce. Parce qu'il aimait tailler les haies et bichonner son jardin.

Oui, la mort de mon grand-père entraînerait des modifications inattendues...

À 11 heures, j'étais dans ma chambre en train de ranger mes affaires quand mon portable a sonné. La voix m'était vaguement familière.

— Mademoiselle Emma Dufay ? Je suis Ulysse Carsac, le rédacteur en chef du journal *Sud Ouest*. Marcus Nielsen m'a donné vos coordonnées.

J'ai failli m'exclamer : « Mais il n'a pas pu, il n'a pas mon numéro de portable ! » Surmontant mon étonnement, j'ai répondu :

— J'ai suivi votre débat hier soir, monsieur Carsac. C'était passionnant !

Sans réagir à mon compliment, mon correspondant a poursuivi :

— Mademoiselle, j'irai droit au but. L'été, chaque lundi, notre quotidien publie une nouvelle inédite. Un récit court et percutant d'un auteur chaque fois différent, sur un sujet d'actualité. L'écrivain que nous avions pressenti pour le numéro du 7 juillet nous a fait faux bond. Aussi, je suis à la recherche d'un texte de dix mille signes maximum. Sur le thème du réchauffement climatique. Vous pourriez nous écrire un récit de ce genre ?...

C'était si inattendu que je n'ai pas su quoi dire.

— Je préfère vous avertir, les délais sont très courts. Le bouclage a lieu après-demain dimanche. Avant midi. Aussi, nous devons avoir ce texte demain soir. Ce qui signifie que vous disposez de moins de quarante-huit heures. D'autre part, je ne vous cache pas que vous êtes la troisième personne que je contacte. Ma demande n'a donc pas valeur de contrat. Mais si nous retenons votre récit, vous aurez une pige de huit cents euros. (Il a marqué un temps.) Et trois cent cinquante mille lecteurs.

Je suis restée muette pendant trois secondes avant de bredouiller :

— Je... je suis très flattée, monsieur Carsac. Mais pourquoi faites-vous appel à moi ?

— Hier soir, votre ami Marcus Nielsen m'a passé la revue où vous avez publié *Avec un peu d'amour et beaucoup de chocolat.*

Mon ami ? Il allait vite en besogne. J'aurais donné cher pour savoir de quelle façon Marcus lui avait parlé de moi !

— Votre texte est excellent. Toute la rédaction l'a apprécié. Votre style, mademoiselle, correspond à ce que nous cherchons : fraîcheur, efficacité, rapidité, humour... Vous nous enverrez quelque chose ? Vous avez des questions ?

J'ai failli lui dire : « Oui, avez-vous le numéro de téléphone de Marcus Nielsen ? » Déjà, Ulysse Carsac reprenait :

— Vous avez une adresse mail ? Vous notez la nôtre ? Pour vous donner une idée des nouvelles que nous publions, je peux vous envoyer d'anciens numéros.

— Merci mais c'est inutile. Mon grand-père est abonné à *Sud Ouest.* Je sais où il conserve ses journaux.

— C'est parfait. Nous comptons sur vous.

Quand j'ai raccroché, je n'en revenais pas. Je suis partie à la recherche des quotidiens que papy classait avant de les ranger dans l'armoire du garage.

C'est là que mon portable a sonné une fois de plus.

— Emma ? C'est Marcus. Comment va ton grand-père ?

Après un instant de stupéfaction, j'ai éclaté en sanglots.

— Il est mort ! Papy est mort hier soir à l'hôpital. Il a cru...

Je n'ai pas pu continuer. Au bout du fil, une voix me murmurait tendrement :

— Je suis désolé, Emma, je suis de tout cœur avec toi, ce n'est pas ta faute...

— Marcus... comment tu as eu mon numéro ?

— Tes parents me l'ont donné hier après-midi.

— Mes parents ? Tu les as appelés ?

— Ben oui ! Après ton départ, j'ai composé le numéro que tu avais fait. Je tenais à les rassurer...

J'ai voulu bredouiller : « Comme c'est gentil ! Moi, je suis vraiment nulle et toi tu penses à tout... »

Impossible. J'étais bouleversée. L'émotion me serrait la gorge.

— ... Mais leur ligne était toujours occupée. À 16 heures, ton père a enfin répondu. Il venait de t'avoir au téléphone et il m'a dit que ton grand-père avait eu une attaque. Je lui ai demandé ton numéro de portable. Seulement en arrivant aux studios de la chaîne *Aquitaine*, je n'ai pas eu une minute à moi.

— Tu sais, je t'ai vu à la télé, hier soir. Tu as été super. Vraiment ! Et... au fait, je viens de recevoir un appel du rédacteur en chef de *Sud Ouest* ! Il m'a commandé un texte ! C'est grâce à toi ! Comment tu as fait ?

— Moi ? Je n'y suis pas pour grand-chose ! Après le débat, on a continué à discuter dans le studio en buvant un café. Il m'a expliqué qu'il était en panne pour son numéro de lundi prochain. J'ai dit le plus grand bien de ton texte et je lui ai laissé le magazine. Avec tes coordonnées. Tu vas te lancer, Emma, n'est-ce pas ? Tu vas lui proposer un récit ?

— Oui. Peut-être. Je suis...

Ravie. Émue. Touchée. Flattée. Comment le lui expliquer ? Je ne voulais pas décevoir Marcus. Ni lâcher le fil qu'il venait par miracle de renouer. Je cherchais mes mots.

— Je suis... désorientée, tu comprends ?

— Moi, je suis triste pour ton papy. Sincèrement. Écoute, je pense beaucoup à toi.

Je n'ai pas osé lui dire : « Moi aussi. » Ça m'aurait semblé indécent. On ne peut pas perdre son grand-père et tomber amoureuse le même jour. Parce qu'en y réfléchissant, ces deux événements s'étaient produits au même instant.

Je lui ai demandé, et ce n'était pas par politesse :

— Tu es encore à Bordeaux ?

— Oui. À la gare. Je rentre à Paris ce soir.

Bien sûr. Il faisait un aller-retour. J'ai chassé le vague espoir qui m'avait traversé l'esprit.

— Chez tes parents ?

— Oui, mais pour peu de temps. J'ai accepté de participer à une mission sur un navire scientifique. Un voyage d'études dans l'Arctique pour tout l'été.

— Tu pars quand ?

— À la fin du mois. (Il a laissé planer un silence. Puis il a répondu à la question que je mourais d'envie de lui poser.) Et je ne rentrerai qu'en octobre.

— Je pourrai... t'appeler au téléphone ? T'envoyer des SMS ?

— Hélas, ça va être difficile. Sur le navire, les liaisons ne seront possibles que par satellite. Elles coûtent cher. Tu peux toujours m'envoyer des mails, on va s'échanger nos adresses. Mais là encore, je ne suis pas sûr de pouvoir me connecter souvent. Ah... au fait, pour ta nouvelle, je vais te confier de la documentation sur le réchauffement climatique. Dès ce soir.

Ce n'était pas cela qui me préoccupait.

Combien de temps avons-nous parlé ensemble ? Une heure au moins... C'est moi qui ai dû raccrocher.

Parce que mes parents arrivaient.

Chapitre 9

Nos retrouvailles ont été à la fois heureuses et douloureuses.

Papa ne cessait de me répéter :

— Tu n'es pas responsable, Emma. Mon père était fatigué, usé. Il fallait s'attendre à ce que sa vie s'achève ainsi. Et puis c'est le bon ordre des choses, que les enfants voient leurs parents mourir...

Il avait raison, l'inverse aurait été dramatique. Ma mère, elle, avait besoin de me toucher, de me presser contre son cœur en me murmurant à l'oreille :

— On a eu si peur, si peur de te perdre... Tu es là, Emma. C'est bien, nous sommes ensemble. Enfin.

Bizarre. On dit que la mort sépare ; pourtant

celle de papy semblait ressouder la famille. Voilà longtemps que nous n'avions pas été ainsi réunis. Les années précédentes, mes parents se contentaient de me déposer au village. Souvent, ma mère restait une semaine et papa repartait vite, prétextant des réunions et des rendez-vous importants...

Alors que je mettais la table sur la terrasse, il m'a annoncé :

— Au fait, Emma, j'ai appelé la banque hier soir. Quitte à devoir m'absenter pour les obsèques de mon père, j'ai pris trois semaines de congés. Nous allons les passer ici.

Ma mère, qui apportait les plats, m'a jeté un regard étrange où j'ai lu une joie mal dissimulée et beaucoup d'espoir.

Depuis hier, entre eux, quelque chose avait changé.

On a déjeuné tard, en silence, à l'ombre du vieux tilleul. Il faisait un soleil magnifique. Et nous n'étions pas vraiment en deuil.

***

Ce vendredi après-midi, mes parents et mamy sont retournés à l'hôpital de Libourne pour s'occuper des formalités. Ils n'ont pas voulu que je les accompagne.

Je suis allée dans ma chambre. J'ai sorti de l'armoire mon vieil ordinateur portable et je l'ai posé sur ma table, sous la fenêtre.

C'était ma place préférée. De là, j'apercevais la pelouse et le potager, la piscine et les arbres fruitiers alignés jusqu'à la Dordogne... Assise, j'avais l'impression de dominer la situation. Avec un cahier ou un clavier sous mes doigts, je me sentais capable de refaire le monde. Et c'est vrai que l'écriture est magique, l'écrivain possède un pouvoir fantastique : il crée des décors, fait naître et mourir des personnages ; il maîtrise leurs sentiments, leur destin. De livre en livre, il façonne des univers nouveaux ; et tout ça avec de simples mots.

Une nouvelle sur le réchauffement climatique ? Deux jours pour la rédiger ? Ce double défi ne m'effrayait pas. Déjà, je remuais dans ma tête les informations que Marcus m'avait livrées dans le train et pendant l'émission de la chaîne *Aquitaine*. J'avais aussi sa revue en main. Au moment où je m'apprêtais à l'ouvrir, j'ai su de quoi j'allais parler. Et quel ton utiliser.

Mon portable a émis un bip. J'ai jeté un coup d'œil sur l'écran. Océane m'avait envoyé un SMS.

Non, pas question de me laisser distraire, le message ne s'effacerait pas.

J'ai fixé mon attention sur l'écran et j'ai tapé, centré, en gras et en capitales :

JE SUIS LA VIGIE.

***

Mamy et mes parents sont rentrés à la nuit tombée. Plongée dans la rédaction de mon récit, je n'avais pas vu le temps passer.

J'ai sauvegardé mon texte, je suis descendue en vitesse et j'ai bredouillé d'un air coupable :

— Désolée, je n'ai rien préparé.

— Pas grave, Emma, m'a dit ma mère en me caressant tristement la joue. Nous avons tout notre temps, n'est-ce pas, Patrick ?

— Oui. L'incinération aura lieu lundi.

Il semblait serein, et mamy aussi. Alors que nous finissions de dîner sous le tilleul, elle a relevé la tête et déclaré :

— Patrick ? J'aimerais être admise en maison de retraite.

— Quoi, qu'est-ce que tu dis ?

— Celle où réside la mère d'Adèle. J'y serai très bien. Et puis nous redeviendrons voisines.

— Mais voyons, maman...

C'était au tour de papa de ne pas trouver les mots.

— C'est le plus raisonnable, a-t-elle repris. Tu le sais. Jamais je ne pourrai entretenir cette maison. Vivre seule ici, ce serait au-dessus de mes forces.

— Voyons maman, Adèle pourrait sûrement...

— Bien sûr que non. Elle a déjà assez à faire chez elle. Puisque tu restes quelques jours, tu vas t'occuper de tout. Le problème c'est que ma petite pension ne suffira pas à payer les mensualités...

— Là n'est pas la question ! a coupé mon père. D'autant plus que tu devrais pouvoir toucher la moitié de la retraite de papa.

— Alors nous avons un mois pour mettre ça au point. Ne fais pas cette tête, Patrick ! Ce n'est pas un drame.

À cet instant, mon portable a encore bipé. Pour la cinquième fois de la journée. Sûrement Océane, je ne lui avais pas répondu !

Je suis sortie de table pour lire mes SMS. Le dernier n'était pas d'Océane... Mais de Marcus.

Je t'ai envoyé de la doc par mail. Biz !

— Je ne prends pas de dessert... je peux vous laisser ?

Je me suis précipitée dans ma chambre pour ouvrir ma BAL.

J'avais reçu trois mails et pour chacun, six ou

sept documents joints. Des articles sur le réchauffement climatique. De nombreux liens vers les sites d'associations écologiques : les Amis de la Terre, la fondation GoodPlanet ou celle de Nicolas Hulot...

Si tu as besoin de précisions, Emma, n'hésite pas à me les demander ! Je t'embrasse. Marcus.

Il m'embrassait. Bien sûr, par mail, c'est plus facile ! Et puis il n'allait pas m'envoyer ses salutations distinguées.

Je me suis plongée dans la lecture de toute cette documentation.

Et j'ai trouvé ça très, très intéressant...

Chapitre 10

Bon, je n'étais pas dupe de mon enthousiasme tout neuf. Si Marcus s'était passionné pour la construction des pyramides ou l'origine de l'univers, quelque chose me disait que j'aurais partagé son centre d'intérêt.

En trois heures, j'ai compris que le réchauffement climatique était l'événement le plus grave auquel l'humanité devrait faire face. J'étais à la fois atterrée et excitée comme une puce.

J'ai relu le début de mon texte et revu ma copie. Je devais glisser des informations majeures. Sans en avoir l'air. Pas si simple ! C'était la première fois que je me lançais dans une fiction qu'il fallait nourrir de données scientifiques.

Je suis la vigie était un récit d'anticipation, une violente diatribe, le monologue d'une prophétesse. Elle s'adressait aux hommes d'un vingt et unième siècle aveuglés par la consommation et le profit. Une accusation teintée d'humour. La litanie de mon héroïne était un poème où tragique rimait avec *ironique, supplique*... et *panique*.

À minuit et demi, mes parents ont frappé à ma porte et sont venus m'embrasser. Je m'attendais à ce qu'ils me disent : « Tu ne dors pas encore ? » Mais non, aucune remarque, aucun reproche. Pas même une question... alors que je leur aurais volontiers expliqué pourquoi j'étais encore sur mon ordinateur à cette heure-là !

Tant pis, j'en dirais plus le lendemain. Pour l'instant, ils avaient d'autres chats à fouetter : faire-part de décès à imprimer, cérémonie à organiser, demande d'admission de mamy dans sa future maison de retraite...

À une heure du matin, j'ai compris que je n'étais plus opérationnelle. Avant de me coucher, j'ai envoyé un long SMS à Océane pour lui parler du garçon que j'avais rencontré dans le train. Et un petit mail à Marcus qui m'a demandé pas mal de temps. J'ai rédigé puis effacé dix brouillons débiles. Pas si simple de dire merci. Compliqué et très délicat d'embrasser un garçon.

Même sur le papier. Ou sur un clavier.

Le lendemain, je me suis levée de bonne heure et remise au travail. Je devais envoyer mon texte au journal avant minuit.

Mes parents sont passés dans ma chambre en coup de vent. Ils partaient avec mamy pour la journée : église, mairie, funérarium, pompes funèbres, cimetière...

— Nous serons de retour ce soir. Pour déjeuner, tu trouveras ce qu'il faut au frigo. On te laisse, ça ira ?

Je n'ai pas osé avouer que leur absence était une aubaine. Je me suis installée devant mon ordinateur, j'ai ouvert la fenêtre... et j'ai travaillé d'arrache-pied jusqu'au soir en piégeant les adverbes et les adjectifs inutiles. J'essayais d'être efficace et brève. Incisive. En rayant les répétitions et les formules floues. Et surtout en veillant à la consigne de Frédéric Chopin qui, quand il composait, affirmait : *Et dans un dernier effort, j'efface jusqu'à la trace de l'effort.*

J'obéissais plus ou moins aux vieilles consignes de ma mère.

Quand elle est rentrée avec mon père et mamy, j'ai hésité à lui confier mon récit. Quelque chose m'a retenue. La pudeur ? Non, la crainte qu'elle me corrige mon texte ou le juge. Après tout, ma nouvelle était conforme à ce que j'avais voulu. Si le journal la refusait, je préférais que mon échec passe inaperçu.

L'envoyer à Marcus ? J'en mourais d'envie. Mais il ne me serait d'aucune aide, il trouverait sûrement mon texte génial... même s'il ne valait rien ! Je l'ai adressé à Océane, par mail. En l'avertissant par SMS : *« Urgent ! Ouvre ta BAL et lis ! »*

Une heure plus tard, j'avais son avis. Deux mots : *« Méga zarbi ! »*

Impossible d'en savoir plus. Normal, Océane n'était pas ce que les profs appellent une grande lectrice. Elle connaissait mieux les chansons de Lady Gaga que les poésies d'Arthur Rimbaud.

— Emma ? Tu descends ? On dîne !

Relire mon texte une vingt-cinquième fois ? À quoi bon ?

Il me restait à espérer que ma *Vigie* soit préférée aux autres récits que la rédaction de *Sud Ouest* avait reçus.

J'ai écrit un mail de deux lignes à l'attention de M. Carsac.

J'ai ajouté le document joint.

Et j'ai cliqué sur *Envoyer.*

Chapitre 11

Le dimanche, on petit-déjeunait tous les quatre sous le tilleul quand mon portable a sonné.

— Emma ? C'est Carsac. Votre texte a été retenu. Dans l'urgence, nous avons modifié deux phrases et supprimé quelques répétitions. Vous n'y verrez pas d'inconvénient ? Pour la pige, nous avons un problème. J'ai cru comprendre que vous n'étiez pas majeure ?

Cette avalanche d'informations m'affolait. Je me suis rendu compte que mes parents n'étaient pas encore au courant. Ni du prix que j'avais décroché pour le concours littéraire, ni de la commande de *Sud Ouest*.

— Non, j'ai dix-sept ans.

— Bon. La somme sera versée sur un

compte auquel vous aurez accès à votre majorité. Ah, il me faut aussi l'autorisation écrite de vos parents. Est-ce que... ?

— Mon père est là. Je vous le passe.

Il a écouté le rédacteur en chef en fronçant les sourcils. Il tombait des nues et se contentait de bredouiller : *Oui... en effet... d'accord... eh bien merci !* Il faut dire que Carsac laisse peu la parole à ses interlocuteurs. Quand papa a raccroché, il m'a regardée en écarquillant les yeux, ébahi.

— Qu'est-ce que c'est que cette histoire ? Tu publies une nouvelle dans *Sud Ouest* ? Et elle sort lundi prochain ?

— Oui. C'est une commande. Suite au deuxième prix que j'ai décroché dans *Jeunes écrits*.

Ma mère a poussé un cri. De joie, je crois. Elle semblait sincèrement très fière et m'a lancé :

— Et tu ne nous en as pas parlé ? Tu nous la montres, cette revue ?

— C'est-à-dire que... je ne l'ai plus. Je l'ai donnée à Marcus. C'est lui qui m'a recommandée au rédacteur en chef de *Sud Ouest*.

— Si tu nous parlais un peu de lui ? a repris mon père avec un sourire narquois.

— De M. Carsac ?

— Non, de ce Marcus ! L'écolo. On dirait qu'il s'intéresse à toi. Tu le connais depuis longtemps ?

— Mais non ! Je l'ai rencontré dans le train. Et on a voyagé ensemble jusqu'à Libourne, c'est tout !

Papa avait du mal à y croire. C'était pourtant la vérité. Il s'est levé pour me serrer contre lui une fois de plus.

Peu après, j'ai reçu trois mails de *Sud Ouest :* l'autorisation que papa devrait signer et renvoyer, un contrat pour la pige de huit cents euros, et mon texte mis en page accompagné de deux lignes : *« Relisez ce fichier PDF revu et corrigé. Et confirmez-moi votre accord pour la publication de cette version définitive. Carsac. »*

J'ai relu et répondu par retour. Et puis, au moment de descendre dîner, j'ai eu un petit remords. J'ai appelé la rédaction du journal et demandé si le rédac' chef était encore là. On me l'a passé tout de suite.

— Monsieur Carsac ? Je pourrais dédier mon récit à quelqu'un ?

— Ma foi, pourquoi pas... Et à qui ?

— À mon grand-père. « À papy », c'est encore possible ?

— C'est noté. J'imagine qu'il sera très fier.

— Hélas, monsieur Carsac, il ne lira jamais ma nouvelle. Il est mort jeudi dernier.

— Désolé, mes condoléances. Jeudi ? Ah... est-ce qu'il se trouvait dans le TGV accidenté ?

— Non. Mais d'une certaine façon, il fait partie des victimes.

Chapitre 12

Le lendemain lundi a été une journée mémorable et chargée.

Quand je suis descendue pour prendre le petit déjeuner, le magazine *Science & Futurs* sous le bras, j'ai trouvé sur la table, à côté de la baguette fraîche et des croissants, trois exemplaires de la revue *Jeunes écrits*. Et trois autres de la revue *Sud Ouest*. Mon nouveau récit était sorti !

— Ce matin, m'a appris maman, ton père a été acheter ces magazines à Sainte-Foy ! Il a même dû attendre l'ouverture de la maison de la presse ! Je ne sais pas ce que tu feras dans la vie, m'a-t-elle chuchoté à l'oreille, mais je trouve que tu commences très fort. Félicitations.

— Tu as lu ma nouvelle ?

— *Avec un peu d'amour et beaucoup de*

chocolat ? Je la connaissais déjà. Je t'ai déjà dit tout le bien que j'en pensais...

Pas tout à fait vrai. Mais visiblement, ma mère ne s'en souvenait plus. Et puis, aux yeux de n'importe quel lecteur, un texte qui a obtenu un prix devient tout à coup bien meilleur.

— ... Mais avec *Je suis la vigie*, j'ai été bluffée. Vraiment...

Étonnant, Maman employait le même mot que Marcus ! De sa part, ce compliment m'a touchée. Elle a dû s'en rendre compte car elle m'a avoué, et c'était un gros effort venant d'elle :

— Je t'ai méjugée, Emma. Tu as du talent. Ton récit est... comment dire ? Très fort. Oui. Sincère et percutant. Je ne savais pas que tu étais aussi sensibilisée aux problèmes de l'environnement, a-t-elle ajouté en désignant *Science & Futurs* sur la table.

— Oui. C'est récent.

Mamy et mon père sont descendus à leur tour. Ma grand-mère portait une longue robe noire. J'ai dû déjeuner et me préparer en vitesse car l'incinération avait lieu à une heure d'ici, au crématorium de Montussan.

Là-bas, on a d'abord assisté à une courte messe. Une cérémonie très intime, que mamy avait exigée parce que, si papy était athée, elle est toujours restée croyante. La fidèle Adèle était seule à nous accompagner.

Avant qu'on ne referme le cercueil, j'avais déposé sur les mains de papy un exemplaire du journal avec la nouvelle que je lui avais dédiée. Les cendres de mon récit seraient mêlées aux siennes.

On a déjeuné dans un petit restaurant, à deux pas de là. Là aussi, c'était la volonté de mon grand-père ; il avait toujours été un bon vivant et voulait respecter la vieille tradition du repas où parents et amis célèbrent le départ d'un proche.

Nous avons récupéré l'urne en début d'après-midi.

De retour au village, une cérémonie plus officielle a réuni les habitants, les voisins, les commerçants. Le maire a prononcé quelques mots. Et l'urne a été déposée dans le nouveau columbarium que la municipalité a fait construire au cimetière, à deux pas du vieux caveau familial. Aujourd'hui, de plus en plus de gens demandent à être incinérés.

Le soir même, mamy a suggéré à papa :

— Si on donnait les vêtements de ton père au Secours catholique ? Il y a tant de gens qui manquent de tout... Tu garderas ce que tu voudras. Tu as pris rendez-vous avec la maison de retraite ?

Mon père a approuvé.

Cette maison, on y est allés ensemble dès le lendemain.

Adèle était du voyage. Voyage est un bien grand mot, cette résidence pour personnes âgées se trouve à cinq kilomètres de là, à l'entrée de la petite ville de Sainte-Foy.

Mamy a été voir la mère d'Adèle pour lui annoncer la nouvelle : elles allaient redevenir voisines ! Une chambre venait de se libérer de l'autre côté du couloir, mamy pourrait être admise ici dès qu'elle le voudrait.

— Ce serait possible en septembre ? a-t-elle demandé à la directrice qui nous avait réunis dans son bureau. Comme ça, je profiterai de ma petite-fille jusqu'à la rentrée des classes !

Mon père était occupé à rédiger de nouveaux formulaires quand son portable a sonné. Il s'est isolé près de la fenêtre.

Dès qu'il a répondu :

— Oui, monsieur Brauner, hier... Non, tout s'est bien passé.

Maman m'a jeté un regard de détresse. M. Brauner, c'est le nom du directeur de la banque où travaillait mon père. Cet appel n'était pas bon signe. J'ai même cru que ma mère allait s'effondrer quand papa a assuré, avec un enthousiasme forcé :

— Mais oui, bien sûr, c'est possible, monsieur Brauner. Demain ? À 14 heures ?... Aucun problème, j'y serai.

Le retour a été dix fois plus triste et tendu que celui de la veille. Cet appel avait eu un effet catastrophique.

Quand nous sommes arrivés à la maison, mamy s'est éclipsée dans sa chambre. Et maman, sèchement, a jeté à mon père :

— Évidemment, tu dois rentrer à Paris ?

— Oui. Écoute, Marie, c'est pour la gestion du compte d'un gros client. Et M. Brauner veut absolument...

— Par pitié, ne te justifie pas. Va-t'en.

— Mais c'est vrai, je te jure...

— Dispense-toi de tous tes beaux serments. Tu pars en voiture ?

— Tu préfères la garder ?

— Non. Ta mère a la sienne.

— Comme ça, j'aurai les mains libres et je pourrai...

— Les mains libres ? Mais tu as les mains libres, Patrick, rien ne te retient ! Je me faisais des illusions, je croyais que tu étais en vacances.

— J'y suis. Et j'y reste. Je serai de retour demain soir.

— J'en doute. Mais ce n'est pas grave.

Je suis montée à mon tour. Pourquoi mes parents se donnaient-ils en spectacle devant moi ? Autrefois, ils étaient toujours d'accord. Si ce n'était pas le cas, ils s'arrangeaient pour régler leurs problèmes quand j'étais absente. Mais là, c'était comme s'ils voulaient me prendre à témoin. J'avais horreur de ça.

Il a fallu que ma mère vienne me chercher pour m'obliger à descendre dîner. Je n'avais aucune envie d'être avec eux.

Le repas a été glacial. Et silencieux. La plus malheureuse était mamy, qui me jetait des regards tristes et résignés.

Le lendemain matin, quand je me suis levée, mon père était parti.

Ma mère a rongé son frein jusqu'au soir. Le téléphone n'a pas sonné une seule fois dans la journée – sauf mon portable, bien sûr, à cause des SMS d'Océane. Elle voulait tout savoir sur Marcus. Mais je n'avais rien d'autre à lui dire.

Le soir, vers 19 heures, mon père a enfin appelé. Ma mère a décroché et je l'ai entendue répondre d'une voix agressive :

— Oui... Non... Bien sûr, je m'en doutais. Quand ?... Je n'en crois pas un mot. C'est ça, oui. Moi aussi.

Elle a serré les dents et annoncé :

— Ton père a de nouveaux rendez-vous demain matin. Mais il m'a assuré qu'il serait là « demain soir ». C'est ce qu'il avait déjà promis hier, non ?

Stupidement, j'ai voulu arrondir les angles :

— Son patron veut sûrement profiter du fait qu'il est sur place. Tu verras, il sera là demain.

Elle a haussé les épaules et m'a jeté :

— On parie ?

Je n'ai rien répondu. Et j'ai bien fait.

Parce que le lendemain soir, mon père n'était toujours pas rentré.

Chapitre 13

On était en train de dîner toutes les trois quand le téléphone a sonné. Ma mère a gardé le nez dans son assiette.

— C'est ton père, Emma. Tu peux répondre ?

Incroyable. Le téléphone sonnait chez mamy et c'est moi qui devais décrocher ? Comme je ne me levais pas, elle a insisté :

— Je ne veux pas lui parler. S'il te plaît, tu y vas ?

C'était bien papa. Il a été ennuyé de m'entendre et m'a expliqué :

— Écoute... cela va être plus long et compliqué que prévu. Je vais devoir rester un ou deux jours de plus. J'ai quelque chose à demander à ta mère, tu peux me la passer ?

Maman a dû deviner la demande, car depuis

la table, elle m'a fait un signe très clair de la main.

— Elle ne veut pas.

— Bon, alors je compte sur toi pour lui poser la question : est-ce qu'elle veut toujours aller enseigner ailleurs ?

La question était inattendue mais elle avait été posée cent fois. Depuis des années, maman ne se plaisait plus dans son collège de Saint-Denis : élèves difficiles, incivilités, problèmes de discipline... Autrefois, elle tenait le coup grâce à des collègues sympas. Ils avaient tous quitté l'établissement. Quant aux profs débutants arrivés en septembre, ils demandaient aussitôt leur changement. Ce qui empêchait ma mère de les imiter, c'était la question du transport. Son collège était à deux stations de métro de chez nous. Et nous étions propriétaires de notre appartement. « Déménager, c'est compliqué et risqué ! » affirmait mon père, qui était bien placé pour connaître les problèmes de la crise immobilière. Acheter, c'était facile. Mais il fallait d'abord vendre. Pas gagné... Et si ma mère était nommée ailleurs, rien ne prouvait que les élèves et l'ambiance d'un nouveau collège seraient meilleurs.

J'ai répondu :

— OK, je vais lui demander. Tu reviens quand ?

— Au pire, vendredi soir. De toute façon, la banque fait le pont. Lundi, c'est le 14 Juillet. Je reste en congé, Emma ! Je serai là après-demain. Et il y aura sûrement du nouveau.

Au bout du fil, il avait cependant l'air penaud.

— Du nouveau, c'est-à-dire ?

— Je t'expliquerai. Pour l'instant, c'est encore trop tôt.

— Alors ? a demandé ma mère après que j'ai eu raccroché.

— Il sera là vendredi.

Elle a commencé à rire. Un rire nerveux et mauvais qui, très vite, s'est transformé en sanglots. Je me suis approchée d'elle mais elle m'a repoussée. Cette fois, elle pleurait, en contenant sa colère et sa rage. Elle s'est levée, a posé sa serviette sur la table et s'est enfuie vers l'escalier. Elle s'est retournée et a réussi à nous expliquer :

— Ne vous inquiétez pas, ça ira mieux demain. Je... je préfère vous laisser.

Mamy a soupiré et m'a regardée d'un air impuissant. J'ai cru qu'elle me demanderait ce qui n'allait pas chez mes parents, mais elle n'a pas osé. Ou pas voulu. Il y a des sujets qu'on n'aborde jamais en face. Elle s'est contentée de me dire :

— Patrick et ta maman ont bien des soucis. Et moi, je complique la situation.

— Mais non ! Qu'est-ce que tu vas imaginer ? Tu ne seras pas une charge puisque...

— Moi non, Emma. Mais la maison ? Qu'est-ce que vous allez en faire ?

Ce vous, ça voulait dire mon père. À moi, on ne me demanderait pas mon avis. Et ma mère se garderait bien de donner le sien !

La maison... je n'y avais pas encore réfléchi. Mamy, elle, devait y penser tout le temps : dans deux mois, elle ne vivrait plus ici.

— Papa va garder la maison, mamy, bien sûr !

— Et la laisser inhabitée pendant dix ou onze mois de l'année ?

C'était vrai. Il y avait la pelouse à tondre, les haies à tailler... Le potager serait abandonné, et aussi les fruits du verger.

— En hiver, a-t-elle ajouté, il faudra la chauffer un peu. Ou alors couper l'eau. Mais une maison inhabitée, ça se dégrade...

— Papa pourrait peut-être la louer ?

— C'est une vieille ferme, Emma. Aujourd'hui, les gens veulent vivre dans du neuf. Dans des pavillons pimpants. Au village, des maisons comme celle-ci, il y en a déjà dix à louer. Personne n'en veut.

Je n'ai pas osé proposer : alors papa pourrait la vendre ! D'abord parce que je n'en avais aucune envie. Et aussi parce que dans la région, plein de maisons étaient à vendre. Les acheteurs, eux aussi, étaient rares et exigeants.

— Aujourd'hui, m'a expliqué mamy, les jeunes couples font construire. Ou ils vivent en appartement. Mais pas à cinquante kilomètres de la ville où ils travaillent.

Quand je suis montée me coucher, j'ai écouté à la porte de la chambre de ma mère. Rien. J'ai frappé tout doucement. Comme elle ne répondait pas, j'ai ouvert.

Elle dormait ou faisait semblant. Je n'ai pas osé la déranger.

Mais le lendemain matin, j'ai été rassurée de la trouver au pied de mon lit.

Il faisait jour. Elle avait attendu que je me réveille.

— Emma ? Je serais contente que nous parlions un peu ensemble.

— Oui... bien sûr. Et de quoi ?

J'étais encore un peu dans les vapes.

— De ton père. Il va me quitter. Je pense que nous allons nous séparer... Non, ne m'interromps pas ! Au début, tu vois, je n'ai pas pensé qu'il mentait. Ses absences, ses rendez-vous, ses colloques, ça ne me paraissait pas suspect... J'ai fini par avoir des doutes. Un jour, je suis allée à la banque. Je voulais voir ton père mais il était absent. J'ai été reçue par une jeune employée, Elsa. Enfin, jeune... Disons qu'elle a trente ou trente-cinq ans.

— Pourquoi tu me dis tout ça, maman ? Ça ne me regarde pas !

— Parce que moi, ça me soulage. Et je n'ai personne d'autre à qui me confier. Que tu le veuilles ou non, Emma, tu finiras par être concernée.

— Mais qu'est-ce qui te fait croire... ?

— Il y a un mois, ton père et toi vous discutiez et il t'a appelée Elsa... Si, il n'a pas dit Emma mais Elsa, j'en suis sûre !

— Et alors ? Ça ne veut rien dire, maman ! Tu te fais des idées.

— Attends. Peu après, ton père est parti à un congrès. J'ai voulu vérifier auprès de la banque.

— Il t'avait menti ?

— Non. J'ai téléphoné à l'agence, le congrès avait bien lieu. J'ai demandé à parler à cette fameuse Elsa. Elle n'était pas là. Elle était partie elle aussi. Avec lui.

J'ai secoué la tête, contrariée.

— Et si c'était normal, maman ? Si tu te montais

le bourrichon, comme tu le dis souvent ? Tu veux engager un détective ?

— Bien sûr que non. Il y a quelques jours, j'ai cru que nous avions vécu un mauvais rêve. Que tout allait rentrer dans l'ordre. Mais depuis qu'il est reparti, Emma, je n'ai plus d'espoir. Alors autant que tu sois au courant. Tu sais, pour toi, ce ne sera pas un drame. De nos jours, un couple sur deux se sépare. On n'en meurt pas. Enfin, rarement...

Soudain, je me suis sentie tout à fait réveillée.

— Hier, papa voulait savoir si tu étais prête à changer de collège.

La question l'a prise de court. Elle a froncé les sourcils.

— Il t'a vraiment demandé ça ? Il ne t'a pas donné de précisions ?

— Non. Ah si, il m'a dit qu'à son retour, il y aurait du nouveau.

— Du nouveau ? Oui, j'en ai bien peur.

Maman envisageait le pire.

Elle aurait dû croire au meilleur.

Chapitre 14

Pendant les deux jours d'absence de mon père, on a souvent regardé les informations. La France était en état d'alerte. Bien que les Vengeurs de Dieu n'aient pas revendiqué l'attentat du TGV, le gouvernement avait lancé un avertissement à l'Iran, qui abritait et protégeait l'organisation terroriste. Entre les deux pays, le ton avait monté.

J'ai reçu plein de SMS d'Océane. Je lui en ai envoyé quelques-uns, pour lui expliquer la décision de ma grand-mère, évoquer les problèmes de mes parents et répondre à ses questions sur Marcus.

J'avais demandé à Carsac d'adresser à celui-ci un exemplaire du journal où était publiée ma nouvelle. Je ne suis pas près d'oublier son appel...

— Emma ? Tu es stupéfiante. Tu as tout compris ! Dans ta courte fiction, tu as fait passer plus d'informations et de conviction que dans tous les articles savants sur la question !

— Arrête ! Je ne mérite pas tant de compliments.

— Je suis sincère. Tu sais, moi aussi j'écris. Des articles scientifiques. Mais je peine, je transpire, j'essaie d'être clair, efficace. Et quand je me relis, je trouve mon style ampoulé, ennuyeux et lourd. J'admire la façon dont tu passionnes le lecteur. Avec, en plus, des tonnes d'humour. Je suis admiratif. Et fier de te connaître.

Je ne savais pas quoi lui répondre. Marcus m'intimidait. En dépit des cinq ans qui nous séparaient, il me considérait comme une égale. Sa déférence me désorientait. Je mourais d'envie de lui dire : « J'aimerais bien qu'on se revoie. » Avec ou sans chocolat. D'ailleurs, je le revoyais souvent. Son visage et son sourire s'imposaient malgré moi.

— Comme écrivain, tu as de l'avenir ! Au fait, tu t'es remise au roman que tu avais commencé ?

Il se souvenait de confidences qui m'avaient quitté l'esprit !

— Non. Pas encore.

Je n'en avais plus envie. Ou plutôt quand j'y repensais, j'envisageais de le modifier. Mon héroïne finirait par s'attacher à un personnage annexe qu'elle avait rencontré. Incroyable comme le quotidien influence l'imaginaire...

Quand il a raccroché, je me suis traitée d'idiote. Je ne lui avais pas tendu la perche. À présent, la balle était dans mon camp. Je voulais garder le contact mais je ne savais pas comment faire ni quel sujet aborder...

J'ai rédigé dix brouillons de mails. « *Des brouillons de mails ???* » s'étonnait Océane, qui me conseillait d'être moins timide. Je ne me suis pas décidée à en recopier un seul.

***

L'événement a été le retour de mon père.

Comme il l'avait annoncé, il est arrivé le vendredi soir, on venait de se mettre à table. Il a embrassé tout le monde. Même ma mère, qui l'a pourtant reçu froidement :

— Alors, ça s'est bien passé à Paris ?

— Oui. Surtout à Libourne. J'y étais encore il y a une heure.

— Libourne ? a répété ma mère sans comprendre.

— Oui. Là-bas, l'agence de la banque a besoin d'un conseiller financier. J'ai demandé ce poste avec l'appui de M. Brauner. Et j'ai passé trois heures avec mon futur nouveau directeur.

Devant la stupéfaction générale, un long silence a plané. Là, mamy a dû sentir qu'elle était de trop. Elle en a profité pour rapporter la soupe à la cuisine, une façon discrète de laisser mes parents discuter... ou se disputer. Alors mon père a expliqué :

— Mon contrat a été établi. Il ne me reste plus qu'à le signer. Mais auparavant, il me faut la réponse à quelques questions.

Maman avait les sourcils levés et la bouche ouverte. Ça faisait beaucoup à digérer d'un coup. Elle a bredouillé :

— Des questions, Patrick ? Lesquelles ?

— Je ne peux pas prendre cette décision tout seul. J'aimerais avoir ton avis. Et celui d'Emma. Mon transfert suppose que tu changes de collège, Marie. Es-tu prête à demander ta mutation pour un établissement près d'ici ? Il y a sûrement des postes de lettres à pourvoir à Libourne, à Bergerac ou à Castillon... dans un lycée ou même un établissement privé ?

— Mais quand ? À la rentrée ?

— Pourquoi pas ? Ça peut aussi être dans un

an. Parce qu'il faut qu'Emma passe son bac. Et elle veut peut-être faire sa dernière année de lycée à Paris. Ensuite, elle irait à la fac de Bordeaux. Même si c'est moins prestigieux que Jussieu ou la Sorbonne.

Mamy devait guetter la conversation car elle a surgi. Et proposé :

— Pourquoi ne pas venir vivre ici ? La maison est à vous. Et moi, je serais à deux pas, dans ma résidence.

D'un coup, chacun envisageait les conséquences d'un tel bouleversement. Moi, je pensais à Océane. Très dur, d'imaginer l'année prochaine sans elle, dans un lycée inconnu.

Ma mère, elle, n'y croyait pas encore...

— Et notre appartement de Paris ?

— On pourrait le louer sans problème, a assuré mon père. Alors Marie, à première vue, qu'est-ce que tu en dis ?

J'ai vu la gorge de ma mère se serrer. Elle avait les larmes aux yeux et déglutissait avec difficulté. Soudain, elle a pâli. Un doute avait surgi dans son esprit. D'une voix plus ferme, elle a repris :

— Et... tu es le seul à avoir envisagé ce changement ?

— Comment ça ? Oui, bien sûr, pourquoi ?

— Ta collègue de l'agence... Elsa. Elle reste là-bas ?

La question a jeté un froid. Mon père a blêmi à son tour. Il ne devait pas s'attendre à une question si directe. J'ai compris que ma mère avait vu juste, quelle que soit la réponse qu'il allait livrer.

— Oui, a-t-il affirmé. D'ailleurs c'est elle qui deviendrait la conseillère financière de notre agence. Je l'ai formée. Elle est compétente. Et elle n'a pas besoin de moi.

Chapitre 15

Cet été ne s'est pas, mais pas du tout déroulé comme les précédents... Mes parents sont restés au village. Ensemble.

Ça n'était plus arrivé depuis que j'avais huit ans.

Le 12 juillet, Carsac m'a transmis les réactions des lecteurs qui avaient aimé mon récit. Ils étaient nombreux. J'ai même encadré un de ces mails pour l'afficher dans ma chambre. Il était signé d'une célèbre militante écolo et disait : « *Vous avez réussi à intégrer des données scientifiques majeures et pourtant complexes. Un exploit ! Parce que votre récit s'adresse au plus grand nombre. Il est drôle et percutant. Félicitations, Emma !* »

Le rédacteur en chef avait dû être impressionné

puisqu'il m'a assuré qu'il referait appel à moi.

Mais à la fin du mois, après que j'ai reçu un dernier mail de Marcus qui partait en mission pour l'Arctique, un autre événement allait changer ma vie...

★★★

— Mademoiselle Dufay ? Je m'appelle Gilles Ravanian. Ulysse Carsac m'a confié votre numéro de portable.

L'homme avait un accent étranger ; il roulait terriblement les r et avait une voix forte, autoritaire et assurée.

— Dites-moi, je suppose que vous connaissez Zap ?

— Zap... le slameur ?

— Je suis son agent artistique. Ce qui m'amène, mademoiselle, c'est votre récit *La Vigie* que vous avez publié dans *Sud Ouest*. Alors voilà... Zap est intéressé par votre texte. Pas la nouvelle, mais le poème déclamé par votre héroïne. On a d'abord pensé s'en inspirer mais... enfin bref, on aimerait l'utiliser ! Avec deux ou trois aménagements. On aurait besoin de votre accord. C'est bien vous qui possédez les droits de ce poème ? Et il s'agit bien d'un inédit ?

— Oui... oui !

— On pourrait se rencontrer rapidement ?

— C'est-à-dire que... je suis en vacances. Dans le Périgord.

— Aucun problème. Vous me donnez votre adresse ? Je m'occupe de tout.

Bien sûr, j'ai envoyé un SMS à Océane. Une minute plus tard, elle m'appelait, excitée comme une puce.

— Zap ? C'est vrai ? Il va utiliser ton texte ? Et tu vas aller le voir ?

— Pas lui, Océane, son agent.

Elle aurait donné une fortune pour être à ma place. Moi, je n'ai pas d'idole. Les gens que j'admire sont morts ; et d'ailleurs personne ne s'y intéresse. Je sais que si je les avais connus, j'aurais sans doute été très déçue. Il paraît que des génies comme Flaubert, Picasso ou Stravinsky n'étaient pas très sympathiques...

Le lendemain, j'ai reçu non pas un, mais deux billets d'avion. Comme j'étais mineure, Ravanian demandait que mon père m'accompagne. Et qu'il l'appelle sur son numéro perso. Ce que papa a fait aussitôt. Il a discuté trente secondes au téléphone et quand il a raccroché, ma mère lui a demandé :

— C'est sérieux ? Il faut que tu repartes à Paris ?

— Oui, a-t-il dit en souriant. Mais c'est pour la bonne cause, Marie. Au retour, notre avion atterrira à Mérignac demain soir. Je ne passerai donc pas par la banque. Ni par la case prison. Mais au prochain tour, le pion Emma pourrait rapporter vingt mille euros. Cela dit, si tu veux aller discuter avec Ravanian à ma place...

— Pas question, a répondu ma mère en se serrant contre lui. Tu vas devenir le conseiller financier de notre fille.

Elle ne croyait pas si bien dire...

***

Le lendemain à l'aube, mon père et moi sommes partis en voiture pour l'aéroport de Bordeaux. Surprise : Ravanian nous avait réservé des places en classe business. Fauteuils de cuir, petit déjeuner, hôtesses aux petits soins pour nous... Nos voisins étaient un député et un avocat qui passaient souvent à la télé. C'est vrai que là, j'ai été impressionnée. Papa a vu que j'avais des étoiles dans les yeux. Il m'a avertie :

— Du calme, Emma. Ne te monte pas la tête... Ne rêve pas trop.

— Je ne rêve pas, je vole. Alors avant de retomber sur terre, je profite du présent.

À Roissy, un employé en costume gris et casquette nous attendait avec une pancarte : *M. & Mlle Dufay.*

— Je suis le chauffeur de M. Ravanian. Pas de bagages ?

Il nous a fait monter dans une Mercedes noire aux vitres teintées.

Mon père s'est assis à l'avant. À mes pieds se trouvait un carton ouvert. Rempli de centaines de photos de Zap, toutes dédicacées ! Le slameur ne se fatiguait pas : ses signatures étaient imprimées ! J'hésitais à en taxer deux ou trois quand mon portable a émis un bip.

— *T ou ?* demandait Océane.

— *Dans la voiture de Zap. Sans Zap. Mais je te rapporterai un souvenir. Biz !*

Le chauffeur nous a déposés devant un immeuble des Champs-Élysées où une hôtesse aux couleurs de BME, Bonny Music Entertainment, a pris le relais.

Nous avons attendu dix minutes dans un salon luxueux, aux murs tapissés de photos de vedettes. Par les fenêtres, on avait une vue panoramique à la fois sur l'Arc de triomphe et le Grand Palais.

L'hôtesse allait nous proposer du café quand une porte s'est ouverte ; un petit homme chauve, ventru et en bras de chemise s'est avancé vers nous. Il avait un sourire majuscule qui découvrait un peu trop de dents.

— Monsieur Dufay ? Emma ? Je peux vous appeler Emma, mademoiselle ? Ravi de faire votre connaissance ! Je suis Gilles Ravanian, entrez.

Aux murs de cette pièce immense, en guise de tableaux, il n'y avait que des disques d'or encadrés. Comme j'écarquillais les yeux, l'agent artistique m'a avertie :

— Notre vedette est en voyage. Un concert à Londres, vous êtes au courant ? Vous ne le verrez pas aujourd'hui.

J'ai failli lui répondre que ça m'était bien égal. Mais mon père m'a pris la main. Il avait raison, j'allais dire des bêtises.

— Oh, vous finirez par le croiser ! Mais c'est moi qui m'occupe de tout... Voilà le contrat.

Sec et nerveux, Ravanian parlait surtout avec les mains.

— Vous voulez bien le lire et signer ? Que désirez-vous boire ?

Il a ouvert la porte et rappelé l'hôtesse qui a apporté un plateau. Mon père a commencé à parcourir le document.

— Vous avez le temps, asseyez-vous un instant !

En fait, l'instant a duré très longtemps... car mon père, qui s'y connaît en affaires, a grimacé en détaillant les termes du contrat. Il l'a reposé sur le bureau en s'écriant :

— Vingt pour cent ? Mais c'est dérisoire !

Ravanian a éclaté de rire.

— Vous plaisantez ? Emma n'est pas une professionnelle ! Elle a déjà beaucoup de chance. Et puis nous devrons remanier son texte. Ne soyez pas trop gourmand, monsieur Dufay, votre fille n'a que dix-sept ans !

— Votre Zap a à peine vingt ans, non ? Et il gagne beaucoup d'argent, semble-t-il.

— Écoutez, c'est à prendre ou à laisser.

— Dommage, a fait mon père en se levant. Tu viens, Emma ?

J'étais horrifiée. Mon père était devenu fou !

Euh... Pas tant que ça, après tout. Parce que Ravanian s'est radouci et l'a invité à se rasseoir.

— Ne nous énervons pas, a-t-il grommelé (mais c'est sans doute à lui-même qu'il se donnait le conseil, parce que papa, lui, était très calme). Il y a sûrement moyen de s'arranger...

La discussion a été très serrée. Dix fois, j'ai cru que l'agent allait se fâcher et nous mettre à la porte. Papa a tenu bon. Il est parvenu à doubler les chiffres et à décrocher je ne sais quoi à propos du numérique, des téléchargements et des produits dérivés.

Enfin, il m'a dit que je pouvais signer.

Au bout du compte, Ravanian devait être satisfait puisqu'il nous a invités à déjeuner.

Au restaurant, l'agent artistique connaissait tout le monde. Et tout le monde le connaissait, les serveurs comme les clients. Moi, j'étais dans mes petits souliers, je songeais que j'aurais dû mieux m'habiller. Il est vrai que les convives étaient vêtus de façon très décontractée. Le plus impressionnant, c'était les serveurs, en costume noir et nœud papillon. Ils étaient plus nombreux que les clients.

Le repas a été somptueux. Et sûrement très cher. Mais il n'y avait aucun prix sur mon menu. Mon père, lui, semblait à l'aise et ravi. De temps en temps, il me jetait un regard complice comme pour me dire *pas de panique, tout va bien.*

Au début du repas, Ravanian et lui ont blagué et beaucoup ri. Le seul moment où l'agent est redevenu sérieux, c'est quand papa a évoqué le cours des actions et le prix de l'immobilier. Ils ont alors discuté prêts, taux de change et moyens d'échapper à l'impôt. Tout à coup, mon poème était loin. Je me sentais à l'écart. Je n'avais pas pris la parole une seule fois.

Pourtant, l'auteur du texte, c'était moi, non ?

À la sortie du restaurant, Ravanian a appelé le chauffeur, qui a surgi peu après au volant de la Mercedes. Ravanian et mon père se sont quittés comme deux copains de lycée.

L'agent m'a serré la main avec chaleur.

— Vous êtes charmante, Emma.

Comment le savait-il ? Je n'avais quasiment rien dit. C'est peut-être ma discrétion qu'il avait appréciée. Parce que sur le plan physique, pour devenir miss France, je n'avais aucune chance.

— Et vous avez un père exceptionnel.

Quand on s'est retrouvés dans l'avion, papa m'a confié :

— Je ne m'attendais pas à ce que ça se passe aussi bien.

— Mon poème vaut si cher que ça ?

— Pour l'instant, pas un centime, Emma. Mais si Zap l'enregistre, il pourrait te rapporter gros.

Chapitre 16

Non, ces trois premières semaines de vacances n'ont pas été comme les autres...

Chaque jour, mon père nous emmenait en voiture, mamy, ma mère et moi, visiter une bastide, une ville ou un château : Monpazier, le vieux Bergerac, Monbazillac, Bridoire, Saint-Émilion, la tour de Montaigne, je n'en avais jamais tant vu d'un seul coup !

Nous déjeunions dans des fermes-auberges ou des routiers sympas, chez qui il n'y avait pas de caviar mais souvent du foie gras. Je me sentais dix fois plus à l'aise dans ces petits restaurants que dans celui des Champs-Élysées, même si le patron, face à un plat inachevé, faisait semblant de se fâcher en grondant : « Ah non, il faut me la finir, cette salade de gésiers ! »

Le soir, au lieu de regarder la télé, nous restions sous le tilleul pendant des heures à évoquer le futur. Mes parents réaménageaient la maison ; la chambre de mamy deviendrait le bureau de mon père. Et il parlait de transformer le grenier en salle de jeux. Ils avaient retrouvé enthousiasme et gaieté. Avoir des projets, c'est la meilleure assurance contre la déprime. Même mamy envisageait son départ avec sérénité. Elle savait que sa maison continuerait d'être habitée. Et que son fils, tout près d'elle, viendrait la voir souvent. Elle aussi me jetait parfois des regards complices. Sereins. Même si une larme y perlait parfois.

***

Marcus ? Je n'avais plus aucune nouvelle de lui. Seule Océane m'envoyait régulièrement des SMS. Une façon de parler, car il arrivait que ce soit le silence radio pendant trois jours. Je savais alors qu'elle vivait un nouvel amour avec un garçon *très sympa et beaucoup plus cool* que le précédent.

Je lui avais envoyé une photo de Zap dédicacée. Elle était très impatiente de savoir quand *La Vigie*, version slam, allait sortir. Je n'en avais aucune idée et ça ne me préoccupait pas.

Le 16 août, mes parents sont repartis en voiture à Paris.

Je suis restée seule avec mamy. Le temps a passé vite, car jusque-là, j'avais négligé mon journal intime, le roman que j'avais commencé à rédiger et les lectures imposées pour le bac.

Je devais aussi fournir à Carsac une nouvelle pour début octobre et un conte de Noël pour la revue *Jeunes écrits*.

Fin août, j'ai reçu au village le magazine *Science & Futurs*. Je n'étais pourtant pas abonnée ; j'ai aussitôt compris en y découvrant un article signé Marcus Nielsen : *« Le méthane, ses origines et ses dangers. »* À côté du titre figurait la photo de son auteur. Un cliché minuscule en noir et blanc où Marcus paraissait sérieux et très jeune. Peut-être une photo de sa carte d'étudiant ?

Étonnant, cet article ; il m'apprenait que si le méthane est plus rare que le CO2, ses effets sont dix fois plus puissants. Le méthane est produit par les feux de forêt, les volcans... Mais aussi par les marécages et les termites, qui à eux seuls en rejettent vingt millions de tonnes par an ! Les ruminants rejettent seize pour cent du méthane présent dans l'atmosphère. Aussi bizarre que cela puisse paraître, affirmait Marcus, réduire sa consommation de viande est un des moyens de ralentir le réchauffement climatique !

Pour d'autres raisons, Océane était végétarienne. L'article de Marcus, pourtant loin de mes préoccupations quotidiennes, m'ouvrait des horizons inattendus... J'ai résisté à la tentation de scanner la petite photo d'identité pour l'agrandir et l'épingler dans ma chambre. La seule idée d'y avoir songé m'a fait frémir.

Je n'allais pas imiter Océane, qui collectionnait les affiches des concerts de Zap, et qui avait dû encadrer la carte postale signée que je lui avais envoyée ! Marcus, il fallait sinon que je l'oublie, du moins que je mette son souvenir de côté. Je n'allais pas fantasmer sur un absent qui naviguait au bout du monde !

Je l'avoue ; je me suis risquée sur Internet, et même inscrite sur Facebook, rien que pour savoir s'il y était.

Non, il n'était pas sur Facebook ; et ça ne m'a même pas déçue, parce que j'aurais été dépitée d'apprendre qu'il était accessible sur les réseaux sociaux et jalouse de savoir qu'il avait des milliers d'amis !

***

Mes parents sont venus au village passer le dernier week-end des vacances. On a accompagné mamy dans sa maison de retraite et on est rentrés tous les trois à Paris.

Je voulais faire ma terminale au lycée, ce qui obligeait ma mère à assurer une année de plus dans son collège. Ça lui laissait le temps de choisir un établissement dans le Périgord.

Mon père, lui, a intégré dès octobre sa nouvelle agence de Libourne. Désormais, il restait la semaine au village. Mais le vendredi, il remontait à Paris pour passer le week-end avec nous.

Peu après la rentrée, j'ai reçu plusieurs mails de Marcus d'un seul coup ! Il se trouvait à Iqaluit, au sud de la Terre de Baffin...

... Une île aussi grande que la France, peuplée de... 11 000 habitants ! Et encore, il y en a 5 000 à Iqaluit, capitale du territoire canadien du Nunavut.

Ici, l'été se termine et la température tarde à chuter. Nous avons croisé la route de plusieurs baleines à bosse... c'était impressionnant, somptueux, quelle émotion !

Dans cette zone, la glace fond vite, plus vite que prévu. Les Inuits sont en détresse, les ours blancs deviennent rares, il n'y en a plus que quelques milliers. Ils sont maigres et affamés. Malgré les interdictions, on en tue encore chaque année six ou sept cents au Canada, en Alaska et au Groenland.

Ne t'étonne pas si je ne te donne plus de nouvelles pendant les semaines à venir, Emma. Après-demain, notre navire part pour la Sibérie.

Mon écolo préféré semblait très occupé, et passionné par sa mission. De mon côté, j'avais retrouvé Océane. Et repris le collier, comme disait mamy.

À la radio, il m'arrivait parfois d'entendre une chanson de Zap. J'avais toujours du mal à accrocher. Je me demandais à quelle sauce il allait accommoder mon texte.

***

Pendant les vacances de novembre, Marcus m'a appelée sur mon portable !

Il était de retour à Toulouse. La communication était mauvaise, on se promenait en forêt, mes parents et moi, et nous avons été interrompus trois fois. Arrivée dans la maison du village, j'ai voulu le rappeler mais il n'a pas décroché ; je lui ai laissé un message.

Le soir même, il m'envoyait un mail.

On s'est ratés, je suis désolé. Au téléphone, je suis

muet ou maladroit, je le sais. On me propose de repartir en janvier pour une mission scientifique exceptionnelle en Antarctique !

En Antarctique, Emma... c'est une occasion unique.

Loin des yeux, loin du cœur... *Scientifique, Antarctique, uniqu*e, ça me rappelait un air connu. Sur le plan du cœur, ça manquait d'émotion. Marcus était un spécialiste du réchauffement climatique, mais il y avait trop de glace dans tous ses messages... Et pas assez de chocolat.

Je me suis promis d'essayer de l'oublier.

***

Fin novembre, maman et moi avons reçu un paquet avec un chèque de la maison de disques. Le CD était sorti.

J'étais fière que mon nom figure (en petits caractères, c'est vrai) sous le titre de la chanson, mais je n'aimais pas ce que Zap en avait fait. Pourtant, à six mots près, le texte était identique ; je trouvais le rythme dur et répétitif et la voix du chanteur agressive. J'ai écouté le CD trois fois... et je l'ai rangé.

Océane, elle, était complètement accro. Elle ne cessait de s'extasier :

— T'es total louf ! C'est super giga !

Ravanian m'avait envoyé une vingtaine de CD. Je l'ai appelé pour lui demander si Zap ne pouvait pas en dédicacer un à Océane. J'en ai reçu deux, un pour elle et un pour moi.

Le slameur s'était fendu de deux lignes pour chacune. Il m'avait écrit : *« À Emma, ma parolière inconnue. J'adore ton texte, Emma, et je t'embrasse ! »*

Océane, elle, était au septième ciel.

De semaine en semaine, la chanson s'est installée sur les chaînes de radio. Zap a tourné un clip dont Ravanian m'a envoyé la vidéo.

Une véritable horreur...

Le jeune slameur se trémoussait au milieu d'un parterre de filles à demi nues. Toutes les trois secondes apparaissait un plan censé illustrer le réchauffement climatique : pluies diluviennes, inondations, cyclones, côtes submergées par des tsunamis géants, hordes de réfugiés envahissant les villes, tempêtes de sable, canicules et invasions de sauterelles... du n'importe quoi. Mais très efficace : deux ou trois plans par seconde, des cris, des hurlements. Un feu d'artifice de couleurs. Des effets spéciaux à couper le souffle et à renvoyer Michael Jackson au temps de Méliès. Le héros de ce clip était Zap, sorte de Superman qui balayait d'un doigt ces catastrophes comme s'il avait pu, avec ses mots, sauver l'humanité future. J'avais honte que mon texte fasse la promotion d'un spectacle si affligeant.

Mais à Noël, l'album était dans les dix meilleures ventes.

Bien sûr, on a passé les vacances d'hiver au village et en famille. Mamy est revenue dans sa maison pour Noël. On lui a bien proposé de réveillonner avec nous en ferme-auberge pour la Saint-Sylvestre, mais elle a préféré rester dans sa résidence avec ses nouvelles amies et la mère d'Adèle.

— Je ne peux plus veiller si tard ! Ni danser jusqu'à 3 heures du matin !

***

L'entrée dans la nouvelle année a été inoubliable...

Dans cette immense salle où s'entassaient une centaine de joyeux convives, tout le monde s'est embrassé à minuit. Le patron de la ferme-auberge a joué les DJ en mettant la sono en marche. Il a d'abord passé les vieilles chansons populaires, de Claude François à Johnny Hallyday, qu'on a reprises en chœur. Puis, dans le feu de l'action, des ados que je ne connaissais pas ont soudain entonné :

L'réchauff'ment climatique
C'est pas systématique
C'est pas automatique
Faut changer d'politique !

Ce texte, je le connaissais par cœur. Et pour cause, c'était le mien ! La surprise, c'est quand je me suis aperçue que toute la salle scandait le refrain. J'ai eu toutes les peines du monde à empêcher Papa de hurler que l'auteur des paroles était dans la salle !

Aucun doute, Zap avait réussi son coup. *La Vigie* était un succès.

***

En janvier, ça s'est confirmé avec un gros chèque de la maison de disques et de la Sacem(1).

Marcus m'a envoyé ses vœux. Une carte postale sur laquelle un garçon, à genoux sur un fragile iceberg, tendait des fleurs à une jolie jeune fille debout sur la banquise. Le texte de la bulle

1 : Société des auteurs, compositeurs et éditeurs de musique. Elle gère en France la perception des droits d'auteur.

en forme de cœur disait : « Devant toi, je fonds ! »

Marcus avait inscrit *MOI* au-dessus de l'amoureux éploré.

Je n'osais pas y croire. Jusque-là, on avait échangé sur tout et sur rien, sans jamais parler de nos sentiments.

Sur cette carte, que j'ai épinglée au-dessus de mon ordinateur, il y avait beaucoup de glace. Mais je la regardais souvent, et elle me réchauffait le cœur.

Chapitre 17

Un mois plus tard, papa, qui arrivait du village pour passer son week-end à Paris, nous a annoncé à maman et moi :

— Ravanian m'a appelé avant-hier.

D'abord, ça m'a étonnée et vexée. Il avait préféré joindre mon père plutôt que moi ? Pourquoi ?

— Il voudrait qu'Emma participe aux côtés de Zap à une soirée de variétés. Sur TF1, en direct. Fin janvier.

Je n'en revenais pas. Mes parents n'avaient pas l'air enchantés.

— Pourquoi vous faites cette tête ? ai-je lancé. Votre fille va passer à la télé. C'est plutôt une bonne nouvelle, non ?

— Rien n'est fait, a nuancé mon père. Je n'ai pas dit oui.

— Mais pourquoi ? Pourquoi je n'irais pas ?

— Pour plein de raisons.

Mes parents se méfient des médias. De la télé en général et des émissions people en particulier. Parfois, quand on zappe par hasard sur l'une d'elles, maman change de chaîne en murmurant :

— Décidément, je suis pour la censure !

— Ravanian lui-même hésite, a révélé mon père. Il se demande comment tu te comporterais devant des caméras.

C'est vrai qu'il avait à peine entendu le son de ma voix. C'était sa faute, il n'avait pas jugé utile de me donner la parole !

— Il a peur que je bafouille ? Parler de ce qu'on a écrit, ça doit être moins stressant qu'analyser du Voltaire à l'oral de français !

— Je comprends mal, a soupiré ma mère. Qu'est-ce qu'Emma viendrait faire dans cette émission ? Laquelle, au fait ?

— *Aujourd'hui c'est demain*. Elle passe le lundi soir en *prime time*. Avec l'animateur Bouggy. C'est un nouveau petit boute-en-train.

Ce Bouggy, je ne l'avais jamais vu. Ni cette fameuse émission. Mais je savais que chaque semaine, des millions de téléspectateurs la suivaient, Océane en faisait partie.

— Ce sera une soirée « verte », a expliqué mon père. Plein d'artistes y participeront.

— Je suppose que Zap chantera *La Vigie* ? a dit ma mère.

— Oui. Et l'animateur veut interviewer l'auteur des paroles. Pendant une ou deux minutes. Ce sera un passage éclair.

J'ai haussé les épaules.

— Je ne vois pas où est le problème !

— Pourquoi pas ? a murmuré ma mère. On sera dans la salle ?

— Évidemment, a assuré mon père. J'appelle Ravanian pour confirmer ?

J'ai eu la présence d'esprit d'ajouter :

— Si Océane pouvait être invitée, ce serait super sympa !

***

C'était beaucoup d'agitation pour peu de choses.

Ce samedi soir, on est arrivés en avance aux locaux de TF1, à La Plaine Saint-Denis, mes parents et moi. Il a fallu montrer patte blanche pour accéder à l'un des nombreux studios. La plus excitée de nous quatre, c'était Océane ; j'avais réussi à la faire placer aux premiers rangs, parmi « les invités des invités » : des amis, des parents et des bimbos payées pour applaudir au signal, histoire que la caméra ait de quoi faire parfois un gros plan sur une ou deux super nanas. Je dois dire qu'Océane ne déparait pas.

À notre arrivée, mes parents ont rejoint le plateau, déjà noir de monde, et ils m'ont laissée entre les mains de Ravanian.

J'ai aperçu Zap de loin, entouré par une quinzaine de fans.

— Emma ? m'a dit l'agent artistique en me tendant un papier. Voilà les questions que Bouggy va te poser. Je t'ai préparé quelques réponses possibles. Essaie de t'en inspirer. Lis et dis-moi ce que tu en penses.

— Je pense que je suis assez grande pour savoir ce que j'ai à dire.

Ma réaction l'a surpris, il s'attendait à ce que je sois plus docile.

— C'est moi l'auteur du texte, non ?

— Bien sûr. Mais attention, tu es là pour la promo de la chanson ! Zap est ton partenaire, pas question de commettre un impair.

J'ai failli lui demander s'il ne voulait pas passer à ma place. Zap, mon partenaire ? Il était trop occupé pour venir me saluer !

Bouggy, lui, m'a semblé simple et cordial. Il

est venu me voir pendant qu'on me maquillait. Séquence obligatoire, même si la coiffeuse a passé plus de temps sur mon visage que je n'en passerais sur le plateau !

— C'est vous, l'écolo ?

— L'écolo ?

— Eh bien oui : « *Emma l'écologiste.* » Enchanté !

Je me suis sentie jaugée et jugée en une seconde par l'animateur : mon sourire, ma poignée de main, mon regard, ma coiffure... Bon, ce premier examen semblait réussi.

— L'émission commence dans dix minutes mais Zap n'est prévu qu'à 21 h 30... Dites-moi, vous êtes encore étudiante ?

Un interrogatoire de trente secondes. Une répétition déguisée. Et un signe de tête (du genre, elle est OK !) de Bouggy à son acolyte qui, conducteur(1) en main, ne le quittait pas d'une semelle.

Après quoi l'animateur est passé à un homme qu'on maquillait à côté de moi, je n'ai jamais su qui c'était !

Là-bas, sur le plateau, ça grouillait d'animation. Les techniciens peaufinaient les éclairages,

1 : Liste des séquences et des invités de l'émission.

le sens des sièges, l'emplacement des micros et des caméras.

Le plus dur, ç'a été l'heure d'attente.

Enfin, le silence s'est fait ; des lampes rouges se sont allumées un peu partout et de la musique a jailli.

Déjà, Bouggy présentait ses premiers invités. De l'endroit où j'étais, je les voyais mal... et le public, je ne le voyais pas du tout ! Finalement, ces émissions, c'est comme au théâtre ou au concert, les mieux placés sont ceux qui regardent le spectacle à la télé. Soudain, j'ai senti une main se poser sur mon épaule.

— Alors c'est toi, l'écolo ? Quelle galère, pour te trouver ! Tu t'cachais ?

C'était Zap ! Coiffure en pétard et costume de clochard, sa tenue de scène habituelle.

— Dis donc, t'es vachement mignonne !

Son compliment m'a fait plaisir mais je n'en ai pas cru un mot. Je ne suis pas jolie, je le sais. Je me suis sentie déshabillée par son regard. Là encore, j'ai su qu'il m'accordait une note. Pas sûre de dépasser la moyenne... Je lui ai tendu la main mais il s'est penché pour me faire la bise malgré les protestations de la maquilleuse, qui allait de l'un à l'autre pour faire des retouches de poudre sur les nez. Il a voulu papoter avec moi mais on est venu le chercher.

Trois minutes plus tard, il se précipitait sur scène, accueilli par des hurlements. Il a commencé à chanter ou plutôt à scander *La Vigie*. Une cohorte de danseuses en bikini l'entourait en se trémoussant. Les spectateurs appréciaient, il est vrai que certains étaient payés pour ça. Ils frappaient dans leurs mains et clamaient leur joie.

J'étais vexée. Non pas parce que j'étais hors course, mais parce que cette débauche d'euphorie était en contradiction avec le texte (le mien !) que Zap récitait. Mon poème était un avertissement, un signal d'alarme préludant à des cataclysmes ; et sur scène se déroulait un vrai carnaval. Il est vrai que les manifestations sur les sujets les plus graves, de la lutte contre le sida aux conflits sociaux, prennent de plus en plus souvent des allures de fête.

À la fin, le public a repris le texte avec Zap. Puis Ravanian m'a poussée sur la scène. Je suis entrée sous les projecteurs au milieu d'un tonnerre d'applaudissements. Alors que les spectateurs ne savaient pas encore qui j'étais.

L'interview a duré moins d'une minute. En fait, les questions de Bouggy n'avaient rien à voir avec celles qui étaient prévues !

J'ai dû improviser. Quand il m'a demandé mes impressions sur le succès de cette chanson, j'ai répondu :

— Le succès ? Je ne sais pas ce que c'est. Pour moi, l'important c'est que mes paroles soient suivies d'effet.

— C'est-à-dire ?

— S'indigner, protester, ça ne suffit pas. Il faut mettre les mots en action.

— Ouah ! s'est écrié Bouggy (moqueur ou admiratif ?) en prenant le public à témoin. Et pour vous, Emma, écrire, c'est agir ?

Question un rien caustique. Un écrivain, ça reste assis et ça ne prend pas de risques. Comme si les gesticulations de Zap avaient été de l'action !

— Parfaitement, Bouggy. Les mots sont des pistolets chargés[1].

Il a fait mine de s'écarter et sur les gradins, tout le monde a ri.

— Le monde est en danger et mon texte est un cri d'alarme. Pas vraiment de quoi faire la fiesta.

J'ai souri en désignant, en arrière-plan, la

1 : Cette formule est du philosophe Brice Parain.

petite troupe qui reprenait son souffle. J'ai senti que je jetais un froid.

— Mais oui, *La Vigie*, c'est elle ! s'est alors écrié Zap à qui je volais la vedette. Vive Emma !

Il m'a attirée à lui et a déclamé mon poème en tapant dans ses mains, aussitôt applaudi par le public. Puis il m'a tendu le micro.

— Chante, l'écolo ! Allez, reprends tes mots avec moi !

Je n'avais pas le choix. Il a commencé : *L'réchauff'ment climatique, c'est pas systématique*. Et il s'est tu.

Le silence s'était fait dans la salle et ma voix a résonné, solitaire et maladroite. La bande-son achevée, j'ai bêtement répété en fixant les caméras le plus sérieusement du monde :

Faut changer d'politique pour un av'nir magique...

Oui. Pour un avenir magique.

Je croyais à ce que je disais. J'imaginais vraiment un monde meilleur. Un bref instant, j'ai dû avoir les larmes aux yeux.

Je me suis éclipsée en coulisse où Ravanian m'a accueillie. Je m'attendais à mille reproches.

— Magnifique, Emma ! Tu as été parfaite ! C'était génial !

Il était sincèrement ravi. Peut-être à cause des

applaudissements qui, au loin, saluaient ma prestation improvisée.

Après l'émission, Zap a déboulé dans le studio. Il m'a refait la bise et m'a prise par la taille comme si on se connaissait depuis toujours.

— Toi, tu m'plais ! T'as fait vraiment très fort. Ce soir, j't'embarque !

— Quoi ?

— Ben oui ! Ça t'fait pas plaisir ?

Pas vraiment. Je n'ai pas osé le lui dire. Avec son rimmel qui coulait et ses yeux cerclés de noir, il ressemblait à une vieille drag-queen gothique. Il m'a montré le couloir où l'attendaient des admiratrices et peut-être des membres de la troupe féminine qui avait participé à son show.

J'ai compris que j'aurais dû me sentir flattée de compter au nombre de ses fans et d'être la favorite du moment.

— On va s'éclater, ma belle... Non ? Dommage pour toi ! Ah, j'vois, tu préfères être raccompagnée par papa ?

Je n'ai apprécié ni son ton, ni la lueur ironique de ses yeux.

Il ne s'était pas trompé : mes parents arrivaient avec Océane, rouge d'émotion. Je l'ai prise par la main et l'ai présentée à Zap :

— C'est ma copine. Tu sais, elle adore ce que tu fais.

— Tant qu'ça ? Vraiment ? Salut !

J'ai cru qu'Océane allait s'évanouir. Elle était si émue qu'elle n'a pas pu répondre à son idole. Pas grave, son regard en disait cent fois plus que des mots.

J'ai chuchoté à l'oreille de Zap :

— Si tu invites Océane, elle s'en souviendra toute sa vie. Mais attention, défense de lui faire du mal.

— Océane ? Tu t'appelles vraiment Océane ?

La gorge nouée, elle a souri, fait oui de la tête et Zap l'a prise par l'épaule.

— Les copines d'Emma sont mes copines. Tu viens ? J'en ai d'autres là-bas, j'vais t'les présenter !

En partant avec son slameur préféré, Océane m'a jeté un regard chaviré de reconnaissance. J'ai entendu Zap lui murmurer :

— Océane... c'est un prénom qui m'donne envie d'me noyer !

Un jeu de mots trop facile. J'ai eu l'impression qu'il n'avait pas improvisé.

Chapitre 18

Mon père avait pris soin d'enregistrer l'émission.

Le lendemain, je l'ai visionnée à la maison. Histoire de vérifier si je ne m'étais pas trop mal comportée.

Les techniciens d'*Aujourd'hui c'est demain* avaient fait très fort. Alors que je prononçais les dernières paroles, *Oui, pour un avenir magique,* une caméra m'avait saisie en gros plan, la mine sérieuse et décidée, la voix rauque et les yeux brillants. Dans un film, j'aurais été bonne pour le César du meilleur espoir féminin. Cette séquence de trois secondes, je l'ai repassée dix fois en boucle. Je m'impressionnais moi-même !

Marcus m'a envoyé un mail très court :

Tu m'as fait vivre un moment exceptionnel. Tu

étais touchante, convaincante. Et superbe. Merci, Emma, pour ce que tu as réussi à transmettre !

Il avait capté l'émission en différé, sur TV5 Monde, depuis la Terre de Feu où son navire faisait escale.

***

Au lycée, du jour au lendemain, j'ai été entourée de nouvelles copines. Et si je souriais ou parlais à l'une d'elles, les autres pâlissaient de jalousie et de dépit. Très désagréable. Elles m'avaient vue dix secondes à la télé dans les bras de Zap, et elles s'imaginaient que je sortais avec lui !

— Si vous voulez en savoir plus sur Zap, demandez plutôt à Océane ! Elle a passé la soirée avec lui !

Une soirée décevante, m'avait-elle confié dès le lendemain. Pendant le cocktail après l'émission, elle s'était mêlée à la foule des admirateurs du slameur. En deux heures, Zap ne lui avait pas adressé une fois la parole.

— Tu sais, il a ses petites préférées. On l'a toutes suivi à l'hôtel où il était descendu, sur les Champs. Il y avait au sous-sol un bar et une sorte de boîte de nuit. Le champagne coulait à flots. Mais boire toute seule, c'est triste. Et j'avais du mal à suivre le rythme...

La vérité, c'est que Zap buvait sec et se shootait à la cocaïne. Comme la plupart de ses copines.

Océane avait accepté de monter dans la suite de la vedette mais refusé de les imiter quand la drogue avait commencé à circuler.

Mise à l'écart, elle avait quitté l'hôtel à 3 heures du matin, dépitée, pour rentrer chez elle en taxi.

— Zap m'a beaucoup déçue. C'est gentil de ta part de me l'avoir fait connaître, Emma. Mais ce monde-là n'est pas le mien.

D'un coup, le slameur avait perdu son estime. Il suffit parfois de voir les coulisses ou l'envers du décor pour comprendre que ce qui fait rêver sur un écran cache une réalité sordide.

Entre les studios de la télé et la maison du village de mes grands-parents, mon cœur ne balançait pas...

***

Quelques semaines plus tard, j'ai reçu un mail de Ravanian.

Tu devrais te connecter sur le site de Zap, Emma !

Ses fans y parlent de toi. Ils te posent plein de questions. Les webmasters de la maison de disques m'ont suggéré de créer une annexe au site, on l'appellerait : La Vigie.

Il faudrait que tu le visites régulièrement pour répondre à tes correspondants et chatter... tu veux bien ?

J'ai accepté.

Mais j'ai vite été débordée.

On était mi-février, en plein bac blanc. J'avais autre chose à faire que répondre en direct à des fans de Zap qui préféraient s'adresser à moi plutôt qu'à lui. Parce que lui ne répondait pas... et moi, si ! Deux fois sur trois, les questions des fans à « *la Vigie* » portaient sur le changement climatique. Quand cela dépassait mes compétences, j'orientais mes correspondants vers des sites spécialisés.

J'ai fini par appeler Marcus au secours.

Il m'a répondu dix jours plus tard. Un long mail, cette fois...

Chère Emma, je t'écris depuis la station Antarctica II[1]. *Elle se trouve sur la terre de la*

1 : Lancée à l'initiative d'une ONG, la base antarctique belge Princesse-Élisabeth ou *Princess Élisabeth Antarctica* a été créée par Alain Hubert, président de la Fondation polaire internationale (IPF).

Reine Maud, à Utsteinen, à 200 kilomètres de l'océan. Les stations les plus proches sont celle, japonaise, de Syowa et la base russe Novolazarevskaya. Tu dois penser que je t'oublie. Détrompe-toi, je n'arrête pas de penser à toi. C'est vrai, tu sais. Mais en pleine mer comme ici, téléphoner est coûteux et les communications sont limitées. Laisse-moi une semaine pour répondre aux quinze questions que tu me poses. Tu pourras les relayer à tes correspondants.

Ici, malgré l'été, la vie est rude et je suis débordé par mille tâches...

J'ai imprimé son mail et je l'ai souvent relu. Le ton en était à la fois triste et tendre. Il ne m'oubliait pas, il pensait à moi.

Très bien, mais il n'était pas là. Certes, j'étais moins impatiente qu'Océane, mais je me voyais mal dans la peau d'une femme de marin.

Au lycée, Océane ne cessait de me présenter des copains à elle. Des garçons qu'elle avait bien connus. Aucun ne trouvait grâce à mes yeux.

— C'est parce qu'ils ont déjà servi ? me disait-elle. Tu sais, je ne te présente que des mecs bien ! Arrête de jouer les Pénélope !

Je n'y pouvais rien, Marcus occupait ma tête et mon cœur. Je m'en voulais de ne pas pouvoir l'oublier, mais il n'y avait pas de place pour quelqu'un d'autre.

Peu après, il m'a envoyé des réponses détaillées que j'ai mises en ligne. Je me suis alors aperçue que les réseaux sociaux s'étaient emparés de *La Vigie*. Du texte de la chanson, bien sûr. Par ricochet, on parlait de moi et des réponses fournies sur mon site. Chaque jour, ma brève séquence de l'émission *Aujourd'hui c'est demain* était visionnée des milliers de fois sur YouTube et Dailymotion. Sur Facebook. J'ai vite été débordée par mille amis virtuels.

D'amis réels, je n'en avais qu'une, Océane – la seule à connaître mon nouveau numéro de portable. J'avais aussi la moitié d'un ami, Marcus, l'autre moitié étant très occupée par sa mission en Antarctique.

Parfois, je me demandais s'il avait rencontré une autre fille. Quelqu'un de plus mûr et de plus proche de lui sur tous les plans. Là-bas, on devait vivre en groupe. En vase clos. À force de se côtoyer, on devait forcément nouer des liens... étroits.

Bref, je m'imaginais plein de choses, surtout le pire – mais comment faire autrement ? Lui et moi vivions un peu à l'envers, moi bientôt en été, lui toujours en hiver.

***

Au printemps, j'ai reçu des demandes d'autres chanteurs plus ou moins connus, qui me réclamaient des textes « dans le style de celui de *La Vigie* ». Ravanian devait s'en douter. Quand il m'appelait, il me précisait à chaque fois :

— N'oublie pas que tu as un contrat d'exclusivité avec BME !

Écrire des chansons ? J'avais d'autres chats à fouetter.

— Passe ton bac d'abord ! me répétait mon père en riant.

Il savait que je gardais la tête froide. Au lycée, je continuais de travailler sans répondre aux *sirènes du succès* – il paraît qu'on les appelle comme ça ! D'ailleurs je ne voulais pas devenir parolière. J'avais mis l'écriture en sommeil mais je me promettais, l'été venu, de rédiger des nouvelles. Peut-être un roman.

Le sort en a décidé autrement.

Chapitre 19

En mai, *La Vigie* est arrivée en tête des ventes. On l'entendait dix fois par jour à la radio. À l'Assemblée nationale, une écologiste s'était même fait traiter de « vigie » par un député.

— Je le prends comme un compliment ! avait-elle répliqué.

Deux jours plus tard, pendant une conférence de presse, le président de la République en personne a évoqué l'incident. À la journaliste qui lui posait une question sur l'avenir économique du pays, il a rétorqué :

— Rassurez-vous, madame, j'y veille. Dans notre pays, la vigie, c'est moi !

Le lendemain, les journaux avaient repris sa réponse dans leurs gros titres. Et pendant trois jours, la petite phrase du chef de l'État a été diffusée en boucle sur toutes les chaînes d'info !

Je me serais bien passée de cette publicité. Indirectement, on parlait partout de moi.

***

Le 10 juin, à 7 heures du matin, les médias ont annoncé la nouvelle : « *ZAP EST MORT ! Le jeune rappeur aurait succombé à une overdose cette nuit, à Paris, au cours d'une fête organisée dans la chambre de son hôtel.* »

Au lycée, j'ai été plus que jamais au centre de l'attention. On me bombardait de questions :

— Tu étais avec lui hier soir ?

— Tu savais qu'il se droguait ?

— Tu vas assister à ses obsèques ?

— C'est terrible ! Tu dois être bouleversée ?

À vrai dire, pas tant que ça. J'en avais d'ailleurs un peu honte. On est toujours triste d'apprendre la mort de quelqu'un qu'on connaissait. Partir à vingt ans, c'est terrible et injuste, certes. Hélas, Zap avait mal mesuré les risques et joué avec le feu. Avec sept ans d'avance, il rejoignait le fameux club des chanteurs disparus de façon tragique : Brian Jones, Jimmy Hendrix, Janis Joplin, Jim Morrison, Amy Winehouse...

Le soir, Ravanian nous a appelés pour confirmer que sa vedette avait bien succombé d'une overdose. Il a surtout ajouté :

— Il faut qu'Emma soit aux obsèques de Zap !

J'étais en mission commandée ; Ravanian a accepté qu'Océane soit à mes côtés.

D'après ma copine, la cérémonie au Père-Lachaise a été *plutôt giga et folklo.* Moins somptueuse que celle organisée pour Michael Jackson. Mais tous les jeunes des banlieues s'étaient donné rendez-vous, et l'ambiance évoquait davantage une fête foraine qu'un enterrement. La police a refoulé les milliers de fans qui hurlaient les paroles des chansons de Zap. Quand ils ont entonné *La Vigie,* les caméras ont zoomé sur moi, évidemment.

Au lycée, dès le lendemain, je me suis à nouveau retrouvée au centre de l'attention générale : l'effet télé !

***

Fin juin, j'ai décroché mon bac. Avec mention bien !

Les trois derniers mois, Marcus et moi on a peu échangé. À cause des événements. De mes révisions. Et des difficultés de communication avec *Antarctica II*...

Le groupe de Marcus quittait souvent la station pour plusieurs jours ; et il ignorait la date de ses retours. Tout contact devenait alors impossible. Quand je lui ai mailé ma réussite au bac, il devait être sur place car il m'a répondu aussitôt. Deux lignes :

Félicitations, Emma ! Tu sais, je pense toujours à toi.

J'aimerais tant qu'on se revoie.

Il voulait faire court ? J'ai battu le record en répliquant du tac au tac et en deux mots :

Moi aussi.

Le lendemain, il m'envoyait un mail et me révélait la vérité :

Hélas, Emma, mon séjour va se prolonger de deux mois. La titulaire qui devait me remplacer est enceinte, pas question qu'elle vienne. Et il n'y a aucun volontaire pour ce poste. J'espère que la Fondation(1) *finira par trouver quelqu'un. De gré ou de force, je rentrerai par le prochain navire, en septembre. Je dois boucler ma thèse à l'École météo de Toulouse.*

Très bien. Pas de Marcus cet été ! Notre rencontre datait d'un an, presque jour pour jour. Triste anniversaire...

1 : L'IPF, la Fondation polaire internationale.

On s'était vus une seule fois. Pendant quatre ou cinq heures, dans un train. Étonnant, quand j'y repense... Fallait-il qu'on tienne l'un à l'autre pour continuer d'échanger !

***

Ce mail m'a fait mal. Entre les lignes, je devinais que Marcus pourrait être contraint de rester là-bas. Je le sentais déchiré entre son travail, sa mission et moi, cette fille du bout du monde à laquelle il s'accrochait pour des raisons qu'il ne me disait pas.

***

Les vacances d'été sont arrivées d'un coup.

Après notre déménagement dans le village de mes grands-parents, j'ai rendu une longue visite à mamy, dans sa RPA[1]. Jusqu'ici, la préparation du bac avait eu la priorité.

Elle était en bonne forme et m'a serrée contre son cœur.

— À chaque fois que j'entends *La Vigie,* Emma, je pense à toi. Quel succès !

1 : Résidence pour personnes âgées.

— Oh, il ne durera pas, a prophétisé mon père. Avec la mort de Zap, ce titre va vite tomber dans les oubliettes !

Une fois de plus, tout le monde se trompait...

Chapitre 20

— Emma ? C'est Ravanian. Tu vas bien ?

Depuis la mort de Zap, un mois auparavant, il ne m'avait pas passé un seul appel.

— Oui. Je viens d'avoir mon bac.

— Félicitations ! Dis-moi, j'aimerais qu'on se voie. Ce soir ou demain, tu pourrais faire un saut dans mon bureau ?

— Difficile. Je suis dans le Périgord.

— Ah... bien sûr, c'est les vacances !

— Pas que. Nous avons quitté Paris, monsieur Ravanian. Définitivement. Je me suis inscrite à la fac de Bordeaux pour la rentrée.

Un long silence a trahi son embarras. J'ai repris :

— Vous vouliez me parler de quoi ? C'est important ?

— Oui. J'aimerais que tu enregistres *La Vigie.*

D'abord, je suis restée sans voix.

— Moi ? Vous plaisantez ? Je ne sais pas chanter !

— Slamer n'est pas chanter, Emma. Il faut savoir déclamer un texte. Tu en es très capable, tu l'as prouvé.

— Moi ? Et quand ?

— Il y a six mois. Pendant l'émission *Aujourd'hui c'est demain.*

— Comme bout d'essai, c'est un peu court. Trente secondes !

— Non, dix-neuf. Mais ta voix, ta présence et ta conviction... tout ça nous a convaincus, Emma. À BME, on aimerait que tu fasses deux ou trois enregistrements en studio. Pour voir. Tu devrais y arriver. On aimerait au moins essayer.

— Vous voulez que je remplace Zap ?

— Bien sûr que non.

Demander ça, c'était de la provocation. Je n'avais aucune envie de devenir une vedette de variétés.

— Il est seulement question de *La Vigie.* Toute la France connaît ce texte. Ce poème, c'est le tien. Alors on voudrait surfer sur la vague. Ne pas laisser retomber le soufflé, rebondir quand il en est encore temps, tu comprends ?

Par réflexe, j'ai murmuré :

— Il faudrait que je pose la question à mes parents...

— Tu es majeure depuis un mois et demi, Emma. Mais fais comme tu veux. On te demande seulement quelques jours... Tu réfléchis et tu me rappelles ?

Je n'ai pas demandé à Ravanian si c'était urgent. Pendant le dîner, j'ai parlé de la proposition de l'agent.

Mes parents sont tombés de haut. J'ai vu ma mère pâlir.

— Si tu entres dans le monde du showbiz, Emma...

— Je vais me shooter à la cocaïne, ai-je poursuivi à sa place. Séduire mes admirateurs, coucher avec les producteurs. Et finir d'une overdose. Bien sûr, parcours obligé !

— Non, a nuancé mon père. Mais ta mère n'a pas tort. Tu risques d'entrer malgré toi dans une spirale séduisante et dangereuse. Celle de l'argent facile, d'amis plus célèbres que toi qui t'influenceront...

— La décision m'appartient, non ?

Mes parents ont échangé un regard alarmé.

— Si j'accepte, vous viendriez avec moi à Paris ?...

Ils n'en revenaient pas. J'ai précisé :

— Attention. Quand je serai dans le studio ou avec l'agent artistique, vous n'interviendrez pas. Sauf à ma demande. Si vous êtes toujours là, à deux pas, ça vous rassurera, non ?

Mon père s'est levé pour me faire la bise. Je lui ai murmuré :

— Et ça me rassurera aussi.

***

J'ai rappelé Ravanian le soir même. Il en a rugi d'enthousiasme.

— Tu peux être là demain ? Vers 16 heures ? Je t'envoie un billet d'avion !

— Il y a une petite condition. Je serai accompagnée.

— Tu viendras avec un copain ?

— Non. Mes parents.

Il a mis deux secondes pour digérer l'info.

— Euh... alors je t'envoie deux, trois billets ?

— Inutile. Nous prendrons la voiture.

— Parfait ! Tes parents, tu les salueras de ma part. Je serai ravi de revoir ton papa.

— Oh, celui qui viendra, c'est surtout mon conseiller financier.

Chapitre 21

Quelques jours, avait dit Ravanian...

Nous sommes restés deux semaines à Paris !

Mes débuts ont été laborieux. J'ai d'abord écouté dix, vingt, cent fois la bande-son. Puis j'ai lu mon texte au micro.

— Non, non ! s'impatientait Ravanian. Tu en fais trop, Emma. Reste naturelle et dis les paroles, simplement. Sans forcer ni marquer le rythme, sur le ton de la conversation. Oui... c'est mieux. Plus lentement. Et ta voix...

Il voulait qu'elle soit hésitante et pleine d'émotion, celle du soir où Zap m'avait transmis le micro à l'improviste. Pas simple, de retrouver la magie perdue de ces instants. Surtout devant un public absent. Pendant l'émission *Aujourd'hui c'est demain*, j'avais improvisé. En direct. Un peu comme à l'école ou au théâtre, où le public oblige à se surpasser.

Mais là, figée devant un micro avec dix techniciens face à moi et Ravanian à deux pas qui me grimaçait des instructions muettes, j'étais pétrifiée. Il fallait que je devienne géniale et spontanée pendant non plus dix-neuf secondes, mais trois minutes et demie. Et tout ça en variant le ton !

Dès la troisième séance, j'ai demandé à mes parents de me laisser, ils me communiquaient leur angoisse avec les sourires d'encouragement qu'ils m'adressaient derrière la vitre du studio !

Ils avaient une chambre d'hôtel luxueuse et ont passé quinze jours à flâner dans Paris. En vingt ans, ils ne l'avaient jamais fait. Rien de tel, disait mon père le soir, que de travailler dans une ville pour croire, à tort, qu'on a tout le temps de la visiter. Pendant que j'étais cloîtrée dans ce studio, ils ont vécu un vrai voyage de noces.

Une fois l'enregistrement bouclé, j'étais épuisée. Il était différent de celui qui avait fait le succès de Zap. Le slam était plus lent, moins rythmé, à la fois grave et tendre.

— Nous y sommes ! affirmait Ravanian.

J'ai signé un nouveau contrat en tant qu'auteur et interprète.

***

Le *single* est sorti trente jours plus tard, en plein mois d'août.

Les commerciaux affirmaient que c'était une erreur, qu'il fallait attendre la rentrée. En effet, les ventes avaient du mal à décoller.

Par contre, les copies de l'album ont circulé aussitôt sur les réseaux sociaux. Ce piratage a déclenché la colère de Ravanian. Sur le Net, les connexions se comptaient par dizaines, par centaines de milliers.

— C'est autant de manque à gagner ! tempêtait l'agent artistique.

Ses problèmes financiers n'étaient pas les miens. En septembre, l'enregistrement était déjà loin.

***

J'avais tenu Marcus au courant. Nous échangions de plus en plus souvent. Comme pour compenser notre éloignement. Quelque part, *La Vigie* maintenait un lien fort et invisible entre nous.

Son séjour sur *Antarctica II* se prolongeait. Fin septembre, j'ai voulu savoir...

Tu ne me parles plus de ton retour. Tu avais évoqué deux mois de rab, et ça en fait trois. Le navire qui devait te ramener est-il arrivé ? Le titulaire qui devait te remplacer est-il là ? Ou le bateau et lui sont-ils repartis sans toi ?

Il m'a répondu six heures plus tard :

Le navire est encore là. Il est venu sans titulaire mais avec un stagiaire. Il y a du nouveau, Emma. La Fondation m'a proposé de me titulariser sur le poste. Avec un salaire intéressant. Je réfléchis à la question.

Il ne m'en disait pas plus. Mais la suite, je la devinais sans mal : s'il acceptait, il resterait à *Antarctica II.* Pas pour la vie. Ni pour toute l'année. Mais pendant de nombreux mois...

***

J'ai vécu dix jours difficiles. Ceux qui précédaient ma rentrée à Bordeaux 3. J'attendais un mail de Marcus. Une explication. Une décision. Le silence se prolongeait et j'hésitais à le contacter.

Je l'ai fait. Un mail très court. Peut-être un peu sec. Un peu trop ? Je voulais simplement savoir : *Tu reviens ou tu restes ?*

Il n'a jamais répondu. Et j'ai compris.

Ma mère, qui avait suivi discrètement nos échanges, a essayé de me consoler. Elle a eu la maladresse de me dire :

— Rien n'est perdu, Emma ! Qui sait ? Regarde, ton père et moi...

— Aujourd'hui, c'est facile de dire ça ! Il y a un peu plus d'un an, tu me chantais un autre refrain.

— Vraiment ? Lequel ?

— « Ne fais jamais confiance aux garçons, Emma. Les hommes sont lâches. Tous ! Même les meilleurs. Il n'y a pas d'exception. »

***

La fac m'a fait changer d'air, elle m'a obligée à oublier Marcus.

Mes nouveaux camarades n'ont pas reconnu celle qui avait fait une apparition éclair à la télé en janvier dernier.

Le public a la mémoire courte. Il faut dire que j'avais une nouvelle coiffure ; mon visage ne ressemblait plus à celui qui passait encore très souvent sur YouTube.

Loin d'être vexée, j'étais soulagée et ravie

d'être redevenue une jeune fille ordinaire. Ordinaire ? Non, je n'étais pas une étudiante comme les autres. Je travaillais en free-lance[1] pour *Sud Ouest*, *Jeunes écrits*, et d'autres magazines qui publiaient mes récits. Pendant l'été, je n'avais pas pu me lancer dans mon roman, je me l'étais pourtant promis.

Ce serait pour plus tard, j'avais le temps. Tout mon temps...

★★★

Peu après la rentrée universitaire, une grande manif a eu lieu à Paris. Je n'y ai pas participé mais je l'ai suivie à la télé.

Les écologistes et les Anonymous étaient de la partie. Dans la foule, des mots d'ordre ont repris des slogans réclamant des mesures de sauvegarde pour l'environnement. Trois cent mille personnes ont scandé en chœur, entre Bastille et Nation :

L'réchauff'ment climatique, c'est pas systématique
Faut changer d'politique pour un av'nir magique !

1 : Travailleur indépendant rémunéré au forfait.

Mon texte ne m'appartenait plus. J'en ai été très émue. Pour un créateur, c'est ce qui peut arriver de mieux : que des milliers d'inconnus adoptent ses mots. Donc, sa pensée. L'histoire est pleine de formules dont on a oublié l'auteur et qui, sans être appliquées, sont devenues des directions à suivre ou des buts à cibler...

***

Ravanian, lui, ne m'oubliait pas. En octobre, il m'avait téléphoné à trois reprises ; il voulait que je participe à une émission de variétés. Sans doute pour que je chante *La Vigie* en direct !

— Désolé, monsieur Ravanian. Il n'en est pas question.

Peu après son dernier appel, j'ai reçu un autre coup de fil.

— Mademoiselle Emma Dufay ? Je suis Marcel Decker.

Ce nom et cette voix ne m'étaient pas inconnus. Impossible de me souvenir où et quand je les avais entendus.

— L'animateur, sur Antenne 2, de l'émission *Bon dimanche* ! a-t-il précisé face à mon embarras.

— Euh... oui, bien sûr !

Un mauvais point pour moi. Je l'avais

sûrement vexé. Non, il a ri. J'ai avoué, un peu rassurée :

— Excusez-moi, je ne regarde pas toujours *Bon dimanche*.

Ça s'appelle un euphémisme. Il m'était arrivé d'y jeter un coup d'œil. Mais l'émission s'étalait sur tout l'après-midi.

J'avais constaté que Marcel Decker ratissait large. Il invitait des écrivains, des chanteurs, des acteurs, des philosophes, des hommes politiques...

— M. Ravanian m'a parlé de vos réticences. Pas question que vous chantiez ou récitiez *La Vigie*. Mademoiselle Dufay, je serais flatté de vous compter parmi nous dimanche prochain.

— Dimanche ? Votre programme n'est pas bouclé ?

— Nous avons toujours des invités-surprises. Ce n'est pas un show mais une tribune. Vous parleriez d'environnement. Librement. Notre émission est d'ailleurs diffusée en direct. J'aimerais que vous expliquiez comment et pourquoi vous avez eu envie d'écrire ce texte. À l'origine, ce poème se trouvait dans une nouvelle que vous avez publiée l'an dernier ?

— Oui, c'est vrai. Tout a commencé par une rencontre. Dans un train. Une rencontre brève...

— Vous pourriez m'en dire un peu plus ?

Dix minutes plus tard, j'acceptais son invitation.

Chapitre 22

À l'aube de ce fameux dimanche, on est partis pour Paris en voiture, et en famille. Oui, mamy nous accompagnait, le médecin lui avait signé une permission de sortie.

Quand on est arrivés au théâtre des Champs-Élysées, j'ai été étonnée d'apercevoir Océane dans la foule. On est tombées dans les bras l'une de l'autre. Ça faisait quatre mois qu'on ne s'était pas vues.

— Pourquoi tu ne m'as pas prévenue ? lui ai-je reproché.

— Ravanian préférait que je te fasse la surprise ! Avant-hier, il m'a appelée pour me proposer d'assister à ton émission. Je serai même assise au premier rang. Avec les filles de la télé.

Elle a rougi. Elle n'avait pas été invitée mais

embauchée. Pour faire partie du décor. Une sacrée promotion !

— Ce n'est pas mon émission, Océane. Elle dure cinq heures et je passerai dix minutes à l'antenne. On se voit à la sortie ?

Il a fallu se séparer. Ma grand-mère et mes parents sont partis dans la salle et moi dans les coulisses, où j'ai retrouvé l'ambiance des plateaux télé.

Là, après leur avoir fait subir l'épreuve du maquillage, on plaçait les trente ou quarante invités de l'après-midi. L'un après l'autre, la moitié d'entre eux irait rejoindre le podium où Marcel Decker officiait. Les autres, amis ou complices, seraient conviés au coup par coup par l'animateur à venir sur le plateau.

Ces faux figurants, Ravanian en faisait partie. Il est venu m'embrasser et m'a chuchoté :

— Enfin, tu es là ! Qu'est-ce qu'il a fallu ruser ! Sans rancune ?

Un inconnu d'une cinquantaine d'années s'est assis à côté de moi et m'a tendu la main en souriant.

— Emma Dufay ? Ravi de vous rencontrer. Vous écrivez pour moi.

— Vraiment ? Vous êtes sûr ?

— Je suis le rédacteur en chef de la revue

Jeunes écrits. Ah, voilà Ulysse Carsac. Je crois que vous vous connaissez ?

— Pas vraiment, on ne s'est jamais rencontrés. Bonjour, monsieur Carsac ! Mais... pourquoi êtes-vous là, tous les deux ?

— Pour parler de vous, Emma ! m'a annoncé en riant le rédacteur en chef de *Sud Ouest*.

Peu avant le début de l'émission, l'animateur est venu nous saluer. Il nous a livré de brèves instructions.

À 14 heures pile, le signal de *Bon dimanche* a été donné. Nettement moins bling-bling qu'*Aujourd'hui c'est demain*.

Decker avait l'art de détendre l'ambiance. Au fil des sujets abordés par l'invité sur la sellette, il interpellait l'un de ceux qui étaient assis sur les gradins.

— Qu'en pensez-vous, Axel Kahn ? Vous êtes d'accord, Fabrice Luchini ? Et vous, Michel Serres ?

Quand j'ai été appelée à mon tour sur le plateau, j'étais moins émue que je le redoutais. Mais dès que les projecteurs se sont braqués sur moi et que le slam de *La Vigie* a retenti avec ma voix en arrière-fond sonore, j'ai perdu mes moyens. J'ai pensé en un éclair : « Mais qu'est-ce que tu es venue faire ici ? » Heureusement,

Marcel Decker m'a mise à l'aise en prenant la salle à témoin.

— Ces paroles sont devenues célèbres ! Mais on connaît moins la jeune écologiste qui les a écrites. Elle est discrète. Pleine de talent... c'est Emma Dufay !

Ici, pas besoin de signal lumineux pour que le public applaudisse.

— Bonjour, Emma ! Quelle joie de vous accueillir à *Bon dimanch*e ! Oui, votre poème est passé dans le domaine public. Il est devenu un emblème. Un drapeau. Pour un coup d'essai, c'est un coup de maître !

Nouvelle ovation, que l'animateur a apaisée d'un geste.

— Ce qu'on sait moins, c'est que ce texte, popularisé par Zap, est extrait d'un de vos récits. Car vous avez commencé à écrire et à publier très tôt, je crois ?

— Oui. L'an dernier, j'ai participé à un concours littéraire. J'ai eu la chance d'obtenir un prix.

Au fond du plateau, j'ai vu apparaître sur l'écran géant la couverture de *Jeunes écrits*, fondue-enchaînée sur le titre de ma nouvelle A*vec un peu d'amour et beaucoup de chocolat*. Beau boulot, tout ça avait été enregistré avant ma venue...

Les caméras ont alors zoomé sur le rédacteur de la revue, qui a fait l'éloge de mon texte. Puis sur Carsac qui a renchéri avec de nouveaux compliments.

— Commençons par notre petite colle dominicale, Emma : la question du bonheur. Pour vous, le bonheur, qu'est-ce que c'est ?

Panique ! J'ignorais que Decker demandait ça à ses invités, j'aurais dû regarder son émission avant.

Une seconde pour réfléchir...

— Le bonheur, c'est un état d'esprit. Et un partage. Parce qu'on n'est jamais heureux tout seul.

— Et vous jugez que le monde est en danger ?

— Je crois... je crois l'humanité plus heureuse aujourd'hui qu'hier.

Mouvement de surprise chez les invités. J'ai dû m'expliquer :

— Quand je regarde en arrière, je suis souvent horrifiée. Voilà des millénaires que les hommes acceptent les guerres, les conflits, les injustices, la souffrance...

— Vous trouvez que les choses ont changé ?

— Mais oui ! J'ose espérer que des conflits comme ceux des deux dernières guerres mondiales ne sont plus possibles. Quel pays oserait encore lancer la bombe d'Hiroshima ? Au milieu du siècle dernier, un tremblement de terre en Chine nous touchait peu. Aujourd'hui, la vitesse des communications a rapproché les hommes et rétréci la planète. Nous sommes devenus sensibles à la misère, les injustices nous révoltent. Y compris celles qui touchent les animaux, les espèces qui disparaissent ou qui souffrent. C'est un progrès magnifique.

— Et tout ça grâce à « un peu d'amour... et beaucoup de chocolat » ?

J'ai ri et approuvé, contre toute attente :

— Mais oui ! Il suffit souvent d'un regard un peu plus attentif vers les autres. Une prise de conscience. Mais ça ne suffit pas.

— À vingt ans, Emma, on peut vraiment être préoccupée par le sort du monde ?

— On ne peut pas, on doit !

Applaudissements des invités. On se serait cru dans un meeting politique. Et j'étais élue à l'unanimité.

— D'où vient, Emma, votre intérêt pour l'écologie ? D'après ce qu'on m'a confié, il serait né... dans un train ?

Difficile de me dérober. J'ai avoué :

— Oui. C'était il y a un an et demi. J'avais raté mon TGV...

— ... et vous vous êtes retrouvée assise à côté d'un étudiant en climatologie qui vous a parlé du réchauffement climatique ?

— En effet. Vous semblez en savoir autant que moi. Et le surnom d'écolo dont on m'a affublée lui irait mieux à lui qu'à moi.

— Cet étudiant, comment s'appelait-il ?

— Marcus Nielsen. Oui… Marcus.

Répéter ce prénom à haute voix m'a déchiré le cœur. Marcel Decker ne se doutait pas qu'il ouvrait une blessure mal cicatrisée.

D'une voix nouée, j'ai ajouté :

— Et il serait mille fois mieux placé que moi pour parler de l'avenir de la planète !

L'animateur s'est alors éloigné de moi pour annoncer dans un geste théâtral :

— Vous ne croyez pas si bien dire, Emma. Le voici !

Épilogue

Éberluée, j'ai vu apparaître sur scène un jeune homme. Un garçon radieux et aussi ému que moi. Son visage était hâlé et il avait un peu vieilli – non : mûri. Il a relevé d'un geste la mèche qui lui retombait sur le front. Il s'est approché de moi et m'a serrée contre lui. Le visage niché dans ses cheveux, j'ai balbutié :

— Marcus... Marcus !

Sans prévenir, il m'a alors embrassée devant le public qui a applaudi. J'en suis restée interdite. Il avait osé !

J'entendais des applaudissements lointains mais je ne voyais plus rien, des larmes brouillaient ma vue. La surprise et l'émotion étaient trop fortes, je sanglotais sans pouvoir m'arrêter.

— Je crois, a lancé Decker au-dessus des ovations, que nous allons laisser Emma et Marcus se dire... tout ce qu'ils ont à se dire hors caméra. Ils ne me semblent pas en état de le faire en public !

J'ai senti une main me tirer du côté des coulisses. Là, des techniciens nous ont poussés plus loin, vers le couloir qui desservait les loges.

— Emma ? Ça va ? Tu es remise ?

— Oui... oui.

J'ai saisi le mouchoir qu'il me tendait. Le couloir était désert, mal éclairé. J'étais dans les bras de Marcus. Si c'était un rêve, je ne voulais pas me réveiller.

— Marcus ? Si tu m'expliquais...

— C'est simple, Emma. Dans mon dernier mail, fin septembre, je t'ai parlé de mes hésitations.

— Oui. Tu te demandais si tu allais accepter ce poste de titulaire.

— Trois jours plus tard, j'ai dû donner ma réponse en catastrophe. Le bateau appareillait le soir même, j'ai décidé de revenir.

— Tu aurais pu me prévenir !

Une ombre est passée sur son visage. Un souvenir que je ne pouvais pas partager.

— Tu sais, j'ai à peine eu le temps de faire mes bagages, de remplir mille formalités. Une fois sur le navire, impossible de communiquer. Le trajet est long, près d'un mois. À notre première escale, au Cap, j'ai lu ton mail. Mais je n'ai pas pu te répondre, les liaisons internet étaient perturbées. À Dakar, c'était encore pire, je n'ai pas pu quitter le navire ; il est resté à quai pour faire le plein. C'est trois jours avant notre arrivée au Havre que j'ai reçu un appel de Marcel Decker.

— Donc tu aurais pu me téléphoner ? Avec ton smartphone...

— Decker m'a demandé de garder ma venue secrète. Il voulait que je fasse une apparition-surprise, en direct. Il avait raison, je crois que c'était réussi...

L'animateur avait bien préparé son coup. Sachant que je participerais à l'émission, il avait joint Carsac. La suite, je la devinais sans mal. Même Ravanian était au parfum !

— Alors... tu as refusé le poste à *Antarctica II* ?

— Oui. Je me voyais mal passer tant de mois si loin de l'Europe et de ma famille... Et puis j'avais un livre à te rendre.

Il m'a glissé un objet dans les mains.

— Tu l'avais laissé tomber dans le train.

La couverture de l'ouvrage montrait un enchevêtrement de rails presque familier...

C'était *La Modification.*

Depuis le départ du TGV de 10 h 46, tant de choses avaient changé dans ma vie...

— Et j'avais tellement envie de te revoir, Emma !

Il m'a regardée comme s'il me découvrait pour la première fois. Je lui ai demandé à voix basse :

— Tu tenais donc à moi ? À ce point ? Et tu ne me le disais pas ?

— Toi non plus.

C'était vrai. Pudeur, retenue ? Peur d'être trop hardie ou un peu ridicule ? Il a repris :

— Nous nous étions vus si peu de temps, et il n'y avait rien entre nous. Moi, c'était différent. Mes parents mis à part, tu étais devenue le seul lien qui me restait avec la France. Je pensais à toi tous les jours.

Cette fois, c'est moi qui l'ai embrassé. Océane a choisi ce moment précis pour faire son apparition.

— Oh ! Désolée... je ne voulais pas vous déranger.

— Marcus, je te présente mon amie Océane.

— Je sais qui tu es, Océane ! Grâce à Emma.

— Elle m'a aussi parlé de toi, Marcus, tu peux le croire ! Je suis tellement contente pour vous deux. Vous avez... de la chance.

J'ai pensé très fort : « Oui, ça commence

bien ! » Dans le regard d'Océane, j'ai lu beaucoup de joie et un peu d'envie.

— Je suis venue vous prévenir que l'émission se termine. Tout le monde vous cherche. Il faut que vous reveniez sur le plateau !

À notre arrivée sous les projecteurs, les applaudissements ont repris. Au fond de la salle, mamy et mes parents, debout, m'ont adressé un signe. Ils avaient le même sourire, tous les trois.

— Voici les invités qui nous manquaient ! a déclaré l'animateur. Emma Dufay et Marcus Nielsen !

L'indicatif de fin d'émission a commencé à retentir. Decker a levé la main pour imposer le silence au public.

— En deux mots, vous pourriez nous dire comment cette histoire a commencé entre vous ?

Marcus et moi, on s'est consultés du regard.

— Il y a un an et demi, ai-je dit, j'ai raté mon train. Et dans le TGV suivant, je me suis retrouvée à côté de Marcus. Puis chacun est reparti de son côté. Nous n'avons pas d'histoire commune.

À cet instant, j'ai senti la main de Marcus serrer la mienne. Il a déclaré au micro :

— Emma a raison. Notre histoire commence aujourd'hui.

Du même auteur, dans la même série

Avec un peu d'amour et beaucoup de chocolat
L'Attentat

Emma veut devenir écrivain, mais elle a plusieurs destins…

Ici, elle attrape de justesse le TGV de 8 H 46 pour Libourne. Son voisin est Nelson Rapur, un auteur condamné à mort par les « Vengeurs de Dieu ». Peu après Angoulême, le convoi heurte un camion tombé sur la voie…
Cet attentat visait-il Rapur, comme le croit Fred, chargé de sa sécurité ?
Emma enquête avec lui… et se retrouve au cœur d'un polar qui va changer le cours de sa vie !

« Avec un peu d'amour et beaucoup de chocolat »
Ou :
Comment la vie dépend parfois
Du plus infime de nos choix !

L'amour pirate
1961-1962 : De Gaulle gouverne, la guerre d'Algérie s'intensifie ; et Christophe, 16 ans, aime Anne - une passion interdite ! Ce secret, il le confie à son journal intime, jusqu'au jour où...Pas si simple, au début des Sixties, de défier l'autorité, gagner son indépendance et braver toutes les conventions ! Avec, pour décor, le Paris d'avant 68, cette confession d'un garçon révolté offre une réflexion sur l'ambiguïté des souvenirs, les pièges de l'écrit et le pouvoir des mots.

Sélection de titres publiés chez Oskar
consultez notre site : www.oskareditions.com

Clotilde Bernos
Fleur de béton
Azalée est une fleur de béton, elle a grandi dans la rue. « Abandonnée » par son père, la fillette et sa Ma Man deviennent SDF. La rue est désormais sa maison. Azalée raconte que chaque nouvelle journée dans la rue est une aventure, parfois drôle, parfois périlleuse. La fillette grandit entre marginalité et précarité, tout en rêvant à un avenir meilleur...

Josette Chicheportiche
Une vie retrouvée
Pour oublier un chagrin d'amour, Gina part en vacances dans le Cantal. Là-bas, elle souhaite rencontrer sa grand-tante qu'elle ne connaît pas. Un mystérieux secret de famille entoure cette vieille femme et l'histoire de la famille de Gina. Elle sent que cette rencontre est primordiale, quitte à bouleverser sa vie et son regard sur le monde.

Gwladys Constant
Le Coup de kif
La vie de Karel, en classe de terminale littéraire, est chamboulée par l'arrivée du beau Lucas. L'adolescente n'a d'yeux que pour ce brillant lycéen... Reste à trouver les mots pour lui dire.

Mamie passe le Bac
Une grand-mère, Mady. Une mère, Magalie. Une ado, Maëlys. Trois générations, trois rapports à l'écriture, mais une seule préoccupation cette année-là : le bac de français ! Voilà les relations complètement bouleversées dans cette tribu de femmes qui ne manquent pas de caractère... Puisque, ce bac, mamie a décidé de le passer en même temps que sa petite fille !

Véronique Delamarre Bellégo
D'étranges nuits d'été
Elle est debout, seule sous la lune dans le jardin d'en face, elle porte une longue robe claire et tient un chat blanc dans ses bras. Bien caché derrière ses volets, Matthieu est invisible, pourtant il sait qu'elle le regarde. Ce soir-là il est seul, lui aussi, dans cette grande maison qu'il ne connaît pas. Les volets crépitent soudain sous les cailloux. Pour Matthieu, c'est le début d'une bien étrange nuit d'été.

Hervé Mestron
Bab el Love
Miloud, apprenti boxeur, a la tête ailleurs. Au collège français d'Alger, qu'il a intégré un peu par effraction, il fanfaronne pour donner le change, mais ses camarades ont depuis longtemps flairé le mytho, et même sa mère ne croit plus en lui. Pourtant, quand la belle Nada débarque de France, c'est un coup de tonnerre dans le ciel de Miloud. Il va lui prouver, à elle l'intello, qu'il a de l'or dans les mots comme dans les poings.

Publié par Oskar éditeur
21, avenue de la Motte–Picquet
75007 Paris - France
Tél. : +33 (0)1 47 05 58 92
Fax : +33 (0)1 44 18 06 41
E–mail : oskar@oskareditions.com
Site Internet : www.oskareditions.com

Auteur : Christian Grenier
Graphisme : Jean-François Saada
Direction éditoriale : Françoise Hessel
Mise en page : David Lanzmann

ISBN : 979-10-214-0253-9
Dépôt légal : Août 2014
Imprimé en Europe
Loi n° 49–956 du 16 juillet 1949
sur les publications destinées à la jeunesse